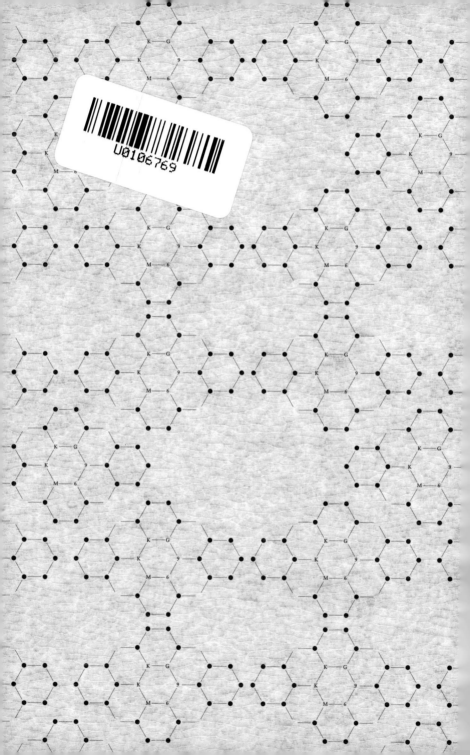

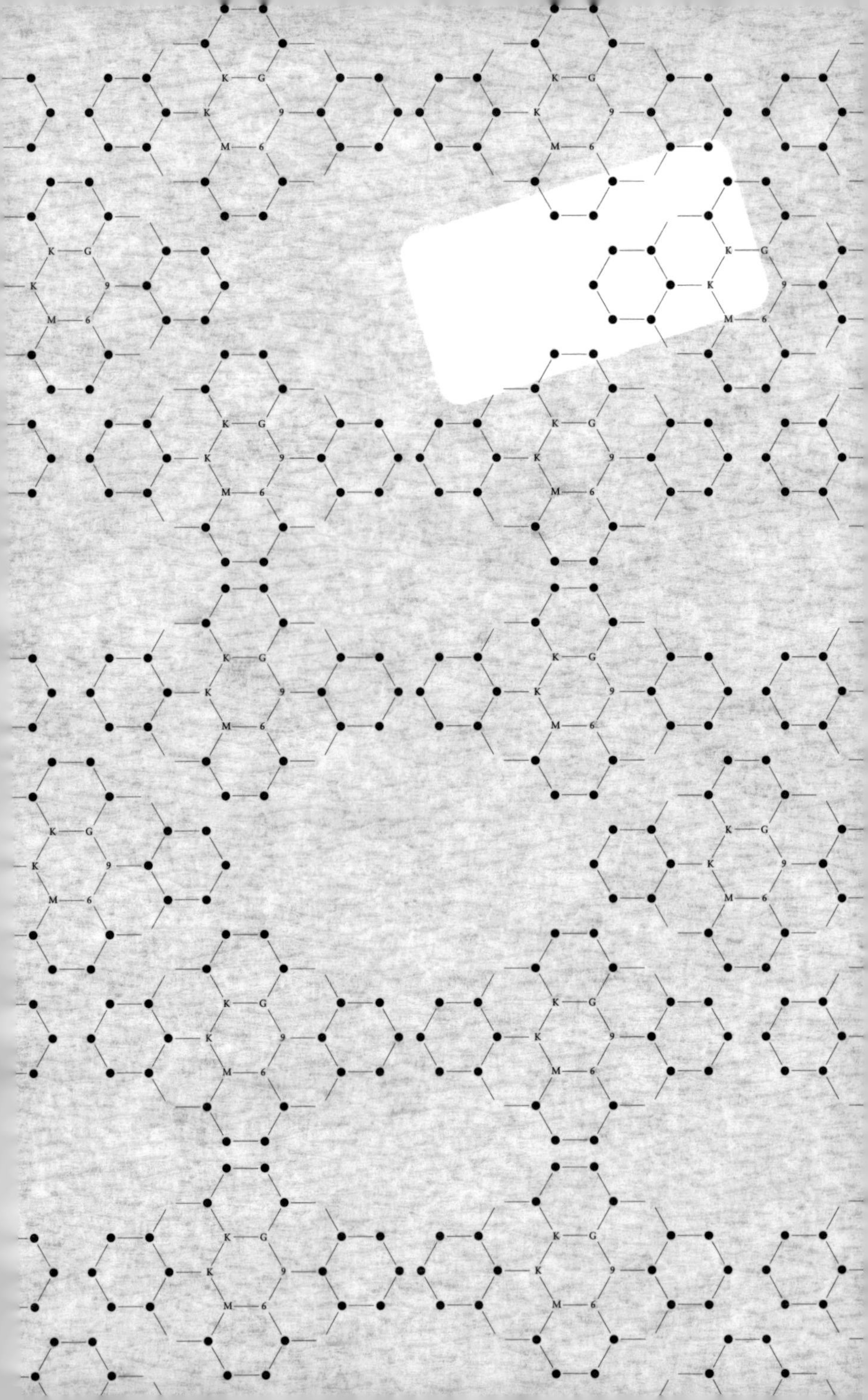

凡值得做的事都值得做好。
Whatever is worth doing, at all is worth doing well.

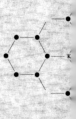

不為人世所囿

麥繼強自述

Not to be bound by rules,
but to be creating one's own rules.

麥繼強 著 劉奕旭 編

攝於一九八〇年，以香港中文大學生物系高級講師身份，
穿着博士袍出席中大學生的畢業禮。

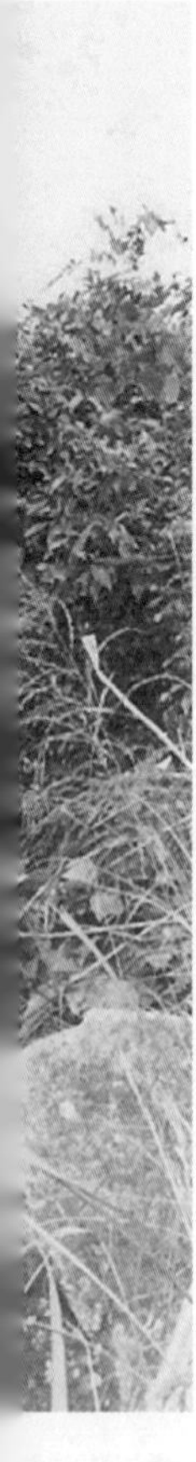

1
3 2

1 | 一九五八年就讀浸會書院時，於圖書館舉辦個人羊齒植物標本展覽。

2 | 一九八二年，G96 實驗室的「麥門三傑」與我合影，左起依次為邵鵬柱、我、余澤融及周敬泉。

3 | 一九七〇年，帶同學田野考察，前排左二為海洋科學家胡紹燊，後排左三為香港大學前校長徐立之。

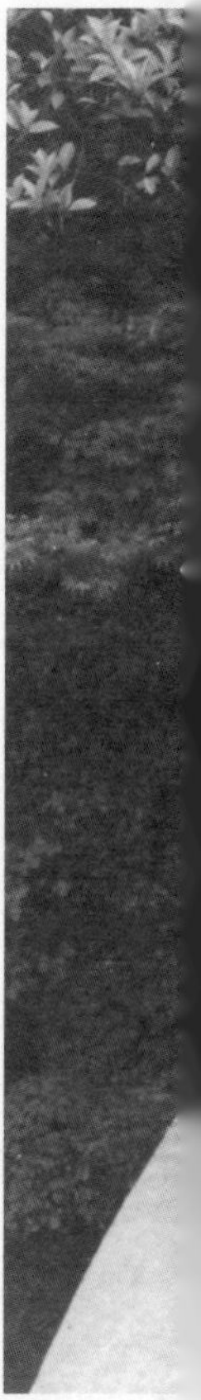

2 | 1

1 | 一九六八年，到日本大阪大學出任分子生物學訪問學人，期間順道帶妻子愛華遊東京皇宮花園。

2 | 一九七二年，到美國威斯康辛大學麥迪遜分校的McArdle實驗室做訪問學人，三歲大女令琴跟愛華特地來訪。

1
3 2

1 | 一九九一年，一家四口攝於中大校園，左二為大女令琴，右二為二女令珊。

2 | 一九八九年，外訪台北中央研究院旗下的分子生物研究所，即身後的白色建築，旁邊的紅色建築則為生物醫學科學研究所。

3 | 一九九〇年，舉家遊泰國曼谷，在一株氣生蘭花下留影。

3 | 1
4 | 2

1 | 一九九四年，在香港生物科技研究院做降解靛藍染料菌株分離實驗。

2 | 一九八八年，與妻子愛華遊澳洲首都坎培拉，跟正在當地留學的愛徒馮明釗於國會大廈前合照。

3 | 一九八九年，愛徒周敬流在美國取得博士學位後，回中大科學館前與我留影。

4 | 一九九四年，跟好友周肇平醫生、劉威漢及陳方正教授見面留影，翌年我在中大退休。人物從左起順序。

1
3 2

1 | 晚年頻將收藏的古董捐出，二〇一七年就曾在中大善衡書院展出部分陶瓷藏品，並獲學院院長、我的學生辛世文教授（右二）接待。

2 | 二〇〇二年，跟徐立之（左）重返位於何文田的新亞書院舊校園，其時書院的首屆學生劉煥英（右）為該校校長，並出迎接待我們。

3 | 二〇〇〇年，大女令琴為我和妻子留影，攝於新界離島碼頭。

推薦序

落地為兄弟，何必骨肉親——陳方正

少年夢想大抵難以成真，但偶爾也有例外。中學時在課本上讀到那許多宋代名貴瓷器，往往泛起遙不可及之感，宛如天邊雲霞。想不到，後來居然也能夠在客廳擺上一個龍泉大盤。縱使那只不過是較為粗糙，背面還有一條要命裂縫的元龍泉，但也足夠使一個沒有資格附庸風雅的書生興奮不已了。

為我打開古物收藏之門的，便是麥繼強兄。那已經是將近三十年前的事了，我聽他滔滔不絕講述如何「狩獵」銅鏡、古錢、陶器等古物，而總能夠壓低價錢的自豪經歷，不禁神往，於是就跟隨他去逛荷李活道、永吉街，在彭理順先生那裏陸陸續續撿到不少寶貝，除了那個龍泉盤，還有一個半山型的馬家窰螺旋紋大陶罐，都是夢寐以求的。彭先生忠厚老實，貨物出門可原價收回，研究所同事林業強是文物專家，贋品難逃法眼，因此雖然我對古物毫無研究，也敢於放心收藏，不虞上當受騙。

然而，比起繼強兄，我的願望委實微不足道，只不過一睹舊物風采，發點思古幽情而已，而他卻雄心勃勃，要獨樹一幟，成為有特色和專長的收藏家。對並無豐厚家當的教書先生而言，這似乎有點妙想天開。然而，經過多年處心積慮，出奇制勝的部署，和上天下地，踏破鐵鞋的尋覓功夫，他居然夢想成真，成為錢幣、銅鏡、特殊陶瓷器的專家和藏家，舉辦過無數次展覽，捐贈也遍佈香港中文大學和香港的博物館。為甚麼在繁忙的教研工作以外，他還能夠獨闢蹊徑，有此成就？那恐怕並非一時衝動所致，而是跟他的好勝、倔強性格有關。

金聖歎批杜甫「四絕一律」的那五首詩，提出「妄想」作為人生基本動力：「因憶為兒嬉戲時，老人見之，漫無文理，不知其心中無量經營，無邊籌劃，並非卒然徒然之事也。」也就是說，那些幼稚的經營、籌劃，和劉邦、陳涉、阮籍等大人物所發的著名感嘆，背後的「妄想」本質一樣，只是後來結果不同，有的「圓成」，有的「消滅」，故此「事或殊途，想同一轍」。看來，繼強兄在文物收藏上另闢蹊徑，獨樹一幟，那和他培育後進以及學術研究的進路也是「想同一轍」，但三方面卻又都通過倔強和刻苦而得「圓成」，那可謂殊途而同歸了。

不過，繼強兄的性格中也不全是經營、籌劃和倔強，還有輕鬆和隨意的一面。最初和他認識，應該是一九七二至一九七三年間，在聯合、新亞兩所書院先後遷入中大校園，我們搬進科學館工作之後的事情。至於碰面機緣，則是新亞體育館為教職員留下的每周一趟羽毛球練習時光；此外，我和物理系同事蔡忠龍、楊綱凱、梁榮斌等合作做研究，經常相聚午餐，繼強不時來參加，由是漸漸相熟。因為彼此都喜愛行山遠足，他的女兒令琴、令珊，我的兒子其一、行一又年紀相若，所以兩家不時相約出遊。其後聯合書院同事陳文婉和她的先生，在港大醫學院任教的周肇平，還有政治與行政學系同事關信基、經濟學系同事王于漸和他們的夫人，也都經常參加，一起在香港和九龍那無數山嶺疇野、溪澗古道間踏青徜徉，尋幽探秘，度過許多難忘的春秋麗日，節假良辰。

記憶中我們還有好幾趟到淡水湖畔和大帽山上露營野宿，那大概是八十年代中期的事情，其時肇平的兩個女兒欣兒、靄兒已經出生，我們的孩子則快要出門求學，到更寬廣的天地中闖蕩去了。這樣直到九十年代，我們相約行山的習慣才因為各種緣故而結束。陶淵明有詩云「人生無根蒂，飄如陌上塵，分散逐風轉，此已非常身。落地為兄弟，何必骨肉親，得歡當作樂，斗酒聚比鄰。盛年不重來，一日難再晨，及時當勉勵，歲月不待人」，那正好為這段相交經歷作寫照。

時光如流，如今麗日山川依舊，我們已青春不再，孩子們則天各一方，都有他們自己不同的追求和生活了。回想那二十多年歡愉往事，好像很遙遠，很珍貴，卻又歷歷在目，似乎也就不過如此，很尋常。所謂「此情可待成追憶，只是當時已惘然」，正就是這個意思吧。繼強兄桃李滿門，他的高足周敬流教授為他出版自傳，要我寫點東西，我很高興把這些零碎往事和感觸記錄下來，是為序。

陳方正

二〇一八年三月於用廬

推薦序

令人解憂忘懷的實驗室——周敬流

人生匆匆幾十個寒暑，許多人霎眼便走過，不留下半點雲彩；也有許多人選擇默默耕耘，一路走來留下足跡處處，為後來者留下不少回憶與領悟。選擇記下當中一點一滴留存後世的人，十中或許有一，但若有幸能將一己的人生路以文字重塑成歷史，化身無聲的說書人將之娓娓道來，則既能將過去結下的緣，譜下一篇篇樂章，讓昔日的人與事相連在一起，也能感染後世，讓生命繼續影響生命。

香港中文大學生物系中有一個頗令人津津樂道的 G96 實驗室，內裏曾經有一位不平凡的教授，指導過一群老老嫩嫩的學生在實驗室內揮灑青春與汗水，共同度過上萬個日與夜。學生隨着年月過去，在實驗室進進出出，這位教授卻一直留守在實驗室內，笑着等待將要首次踏進這間實驗室的一張張懵懂的新面孔，三十年如一。這位教授，就是我們的恩師麥繼強老師。

在麥老師的這個小天地裏，過去幾十年間孕育了不少故事，當中有苦也有悲、有樂也有喜，誤會、競爭、吵鬧、拚搏、扶持等一幕幕回憶，交集譜成一段又一段刻骨銘心的插曲，成為昔日一班莘莘學子成長的養分。

此書的面世，不單是徐立之、邵鵬柱、余澤融、陳偉傑跟筆者等，一班在麥老師的教鞭下成才的學生送給老師的禮物，亦是一齣無聲的電影，讓昔日跟老師結下緣分的人、普羅讀者，以及麥老師自己，一邊回顧昔日世情和他的一生成就，一邊了解這位睿智的八十三歲老人的處世之道、教育理念與人生感悟。毋疑，這是個有血有肉的故事，絕對可堪傳頌。

韓愈的〈師說〉有云「古之學者必有師。師者，所以傳道、授業、解惑也」，麥老師窮盡半生投身於教學事業，點燃了一個又一個學生心中的理想，成就今日筆者和一班師兄弟姊妹的一切與彼此之間不滅的情誼。如今，此書得以出版，面世於人前，期望能夠延續麥老師的精神，諸君揭着也能有所裨益。

周敬流

二〇一八年三月二十八日

編者序　傳頌百人之師——劉奕旭

一八九八年，清末思想家康有為推動「戊戌變法」，期望感染當代莘莘學子，帶領中國富國強兵，走上君主立憲的道路。兩個甲子循環，輾轉來到二〇一八年的今日，千年帝制已歿，這片香江土地亦由英國殖民地回歸中國。時移世易，世道隨江山景物變遷，而康氏一家，亦來到第四代。

八十二歲的麥繼強教授，是康有為的外曾孫，亦是香港中文大學崇基學院創校元老麥健增教授之子，自小已立志走上成為頂尖學者的路，一九六五年在美國取得分子生物學博士後回流，便即加入中大生物系執教長達三十年，畢生秉承康氏祖訓，做人處事不為人世所囿，致力作育英才。

數十年的教學生涯，他平日以一把上翹的八字濃鬍子，配上一身獵裝，手執一條馬鞭遊走於中大校園，造型標奇立異，更自創了一條「博士升學方程式」，成功保送超過一百三十位生物系學生，奪取獎學金到外國升讀博士，當中包括他當年力排眾議取錄的三級榮譽畢業生、香港大學前校長徐立之教授。

在學術研究上，麥教授研發出能分解牛仔布染料的細菌，改善河道的水質污染，破天荒為中大取得三個美國專利。當放下學者和教授的身份，他還是個炒股專家和古董收藏家，曾單靠分析圖表成功預測港股幾次大跌市，獲利過千萬港元。收藏古董方面，他同樣自學成家，所收藏的古銅錢、陶瓷、銅鏡、硯台和玉器多達數萬件，部分收藏比中國的大型博物館還要多。

由此可見，麥教授一生可堪一記及傳頌的事很多，適逢二〇一六年五月，香港科技大學生命科學部及生物醫學工程學部的周敬流教授、徐立之教授等，一班同樣師承麥教授的學生，提出為這位恩師出版自傳，讓此書在因緣際會之下，在兩年後得以面世。

此書共分為五個章節，首三章分別記述麥教授到外國升學前的年少歲月、在美國求學的生涯，以及在中大執教的點滴和成就；之後另闢兩章，淺談麥教授在炒股及古董收藏方面的心得與歷程。以上內容，除了是這兩年間定期到麥教授位於九肚山的獨立屋訪問時所得，還有部分出自麥教授的手稿、以往接受的傳媒訪問和影片，再經本人加以整理後撰寫。所有內容在出版前，除了皆經麥教授審閱，本人亦已盡力向多方查證，確保真確無誤，遇有與事實有出入的內容，或需要補足的資料，文中會標示註腳，加以說明。如仍有錯漏之處，還望不吝指正。

出版此書，除了可讓這位百人之師的成功故事得以流傳後世，還讓麥教授藉此回顧總結其一生，而後記則記錄了他在接受訪問這兩年間，對其一生的感悟。附錄則是部分麥教授所教學生對恩師的感激之言與舊事回憶。

在此，除了感激周敬流教授的邀請，以及其他幾位教授出錢出力支持外，同時感謝麥教授太太麥張愛華女士的積極配合、香港三聯書店的編輯、設計、校對及相關同事鼎力襄助，讓此書順利出版。這一切緣分使然，得來不易，只望諸君捧書細讀。

二〇一八年五月

目錄

推薦序　落地為兄弟，何必骨肉親——陳方正　14
推薦序　令人解憂忘懷的實驗室——周敬流　18
編者序　傳頌百人之師——劉奕旭　20

第一章
歷史巨輪下的少年時代

曾祖父的桑基魚塘　28
外曾祖父康有為　31
纏足起革命　34
博士級爸爸　38
痛風實驗　41
慈母　46
外遇　50
顛沛流離的歲月　54
釣魚生物課　58
燒餅歌　62
另類寵物　67
雅息士道　74
學業打出頭　79
左仔同窗　84
樹上王國與《進化論》　88

第二章
留學他鄉

人棄我取　94
恩師任國榮　98
麥氏博物館　103
出國·貝勒大學　107
跳槽打工·打工跳槽　111
柏克萊歲月　117
第二次轉校　123
俄勒岡·無心向學　126
麥記大牌檔　130
寧為雞口　136
歐洲畢業之旅　140

第三章 執馬鞭的教學歲月

回巢中大 146
冬季大露營 152
G96實驗室 157
領導之爭 162
成家 168
博士方程式 175
大腸桿菌研究 184
標奇立異 188
外訪見聞 192
腳踏科研路 197
飲恨的專利 203
別了中大 208
重返中大 214

第四章 股海縱橫有感

仙股投資法則 222
心魔是大敵 225
入市實驗 229
二〇〇八跌市神算 232

第五章 古董狂人

古錢幣與歷史 240
收藏家之路 248
古物的歸宿 254

後記：麥氏格言 262

附錄一：學生絮語 268
附錄二：大事年表 296
附錄三：家族關係圖 300
附錄四：麥氏古董收藏 302

第一章

1

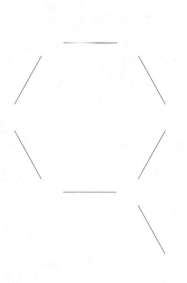

歷史巨輪下的少年時代

1.1 曾祖父的桑基魚塘

我生於書香世家，父母、祖父輩都是有識之士，但我的曾祖父麥百萬，年輕時只是一介平民。我平生沒有見過他，所有他的事蹟，都是兒時從祖父輩口中得知的，而麥百萬其實是他的花名，由於年代久遠，他的本名究竟是甚麼，我已無從稽考，只知他年輕時本來在廣東順德做苦力和挑伕，全身的身外物只有一根擔挑，晚上睡覺也是睡在擔挑上。

不過，曾祖父為人十分努力，而且很有生意頭腦。眼見當年蠶絲業興盛，他將儲來的積蓄用來轉營養蠶，再賣蠶繭賺錢，當再儲到一筆錢，他就擴大生意規模，買地興建「桑基魚塘」（Mulberry fish pond）[1]。

所謂的桑基魚塘，其實指在地上挖一個魚塘，然後以挖出的泥土在魚塘周圍堆成一個基堤，再在堤上種桑樹，為養蠶提供大量餵飼用的桑葉，吃剩的桑葉梗和蠶糞則倒入魚塘餵魚，久而久之，魚塘的塘底會變得肥沃，挖取塘泥放入基堤，桑樹就會生長得更茂盛。嫩葉更多，蠶的食用糧亦會增多，蠶絲的產

1 上世紀二十年代是種桑養蠶的黃金時代，當時每擔桑葉可賣六元白銀，相比下每擔穀價只值三元五毫，因此吸引佛山和順德一帶的人轉行經營，民間甚至盛傳「種得桑枝三幾畝，不妨長做養蠶人」。第一次世界大戰影響海運貿易，重挫日本的蠶絲出口，中國因此獨佔歐亞的市場，產業達至高峰，直至一九二九年，世界多國出現經濟危機，打擊蠶絲的外銷市場，大量桑地丟荒，佛山和順德一帶商人因此改為種糖蔗。

量繼而亦增多，形成一個「基種桑、桑養蠶、蠶養魚、魚肥桑」，極具農業生產效能的生態系統，而且除了蠶絲和魚肉，其他的生態代謝物和副產物都可回歸這生態系統，生生不息，是當年很先進的生產模式。

曾祖父慳家，而且懂得審時度勢，看清時代的潮流和商機，比其他人先一步經營桑基魚塘的生意，他的養蠶王國因此愈做愈大，不久再收購魚塘附近的魚塘，再外判給耕仔（佃戶）收取田租。

此外，曾祖父又發明了用熱水處理產在紙上的蠶卵，令蠶卵可賣得一個高價錢。就是這樣，曾祖父的養蠶和養魚王國繼續愈滾愈大，發了大財成為城中富戶，外人因此給了他「麥百萬」的稱號。

即使曾祖父賺了第一桶金，但他依舊非常節儉。我們家族曾流傳着一個笑話。每年都有不少農民上貢一籮籮的桔給他，數量之多，他根本吃不完，但他又不想浪費，於是只挑爛的來吃，之不過數量實在太多，他吃到飽也還在吃爛的。相信正是這份節儉的性格，他才能在當時儲下一大筆錢，由一名寂寂無名的挑伕，變成養蠶王國的話事人。

曾祖父成為順德富豪後不久，便娶得當地首富兼書香望族羅氏的千金為媳婦，其兒孫亦盡得商家及書香世家的優良基因，其子麥孟華[2]，即我的伯祖父，

2 麥孟華，字孺博，號「傷心人」、「蟬僧人」，生於一八七五年，十六歲加入「萬木草堂」成為康有為的弟子，並跟梁啟超齊名，人稱「梁麥」。麥考獲秀才後，二人齊為康有為奔走國事。一八九五年，簽訂《馬關條約》的消息傳到北京後，二人受康有為的囑咐，鼓動各省的舉人上書拒和，史稱「公車上書」。一九〇二年出任《新民叢報》撰述，五年後任政聞社常務員，至一九一三年任職康有為創辦的《不忍》雜誌編輯，並擔任時任中華民國總統府軍事處處長馮國璋的幕僚，合謀推翻總統袁世凱，一九一五年二月卒於上海。

就師隨推動「百日維新」的康有為先生，備受他賞識。他甚至將他的長女康同薇，許配給另一弟子、麥孟華的弟弟麥仲華[3]，即我的祖父，而麥家的書香世家就自此一代一代傳承下去。

回顧曾祖父的一生，「捱得」和「慳家」是他成功的首要關鍵，而麥家的後人，或多或少也遺傳了節儉的性格，不過曾祖父有時亦慳得過火，因此放棄了很多生活上的享受，所以活到我這一代，我堅持應使則使，工作之餘還是要維持一點生活享受。而在曾祖父的年代，成功比現在艱難得多，但機遇亦比現在多，要成功，就要懂得把握機會，能因時變革，適者便能生存，曾祖父便是個好例子。

3 麥仲華，字曼宣，同為康有為的弟子，少時留學英國及日本，學貫中西，一八九九年跟康同薇在香港成婚。據指一九一五年袁世凱稱帝時，曾兩度召見他，任命他為教育總長，但他拂衣不見，並發起「倒袁」運動。

1.2 外曾祖父康有為

我的外曾祖父康有為先生，生於國難當前，改革思潮崛起的年代，自小飽讀歷史政治，天生有一副好記性，凡是他看過的幾乎過目不忘，而他對中國政治制度改革更別有見解。

一八九五年，三十七歲的外曾祖父在北京參加乙未科會試後，得知大臣李鴻章跟日本首相伊藤博文在日本，簽下象徵「甲午戰爭」結束的《馬關條約》，並將台灣、澎湖割讓給日本，令他有感單靠當時的「自強運動」，學習歐美船堅炮利的軍事技術，根本無法抵禦外敵入侵，於是大膽召集一千三百名考生，集體發表「公車上書」，要求晚清政府改革，引起朝廷內外不少迴響，其中光緒帝的老師翁同龢，對他的「君主立憲」[1]理論更是尤其賞識，於是將他引薦給一心想帶領清政府改革的光緒帝。

這就是「百日維新」，史稱「戊戌變法」的由來，這改革來得快，去得也快，事關當時外曾祖父了解到國家外憂內患，形勢危急，而且一班以慈禧太

1 康有為反對中國歷朝歷代推行已久的君主專制，主張行君主立憲的制度，其精髓在於「興民權」，設立行政院、議院和國會，舉行選舉吸納賢能，實行地方自治，以立法的方式管理人民及政府機關。

后為首的強大保守勢力一直反對，惟獨取急功近利之法，方能取得威信，推行全面改革。短短百日，外曾祖父提出了大量變革，在全國開工廠、銀行、學校，可惜最終還惹來慈禧太后打壓，維新大計亦因此鬱鬱而終。

以上的事蹟，大家都可在中國歷史書上看到，我兒時讀書，亦是從教科書中讀到外曾祖父是中國史上舉足輕重的人物。雖然當時有些同學和老師，都知道我是康家的後人，但懵懂如我卻不以為然。有關外曾祖父的事蹟，大部分都是我長大後細讀相關的文獻才知道的。到我出身社會後多年，我還到過外曾祖父位於廣東的故居和紀念館，藉此尋根，可惜那裏刊載有關他的事蹟並不多，所以對於康有為，雖與我有血肉之親，我卻認識不多。

不過，有一個故事卻是祖母，亦即康有為的長女康同薇[2]，在我兒時親口對我說的。她指當年變法後期，光緒帝自知改革將要事敗告吹，惟恐外曾祖父有性命之虞，於是臨危撕下身上的衣帶，用血寫了一封密詔給他，上草草寫了兩個字「速逃」。果然，一八九八年，慈禧太后正式發布通緝令，嚴拿外曾祖父及其黨羽，當時祖母的名字亦在名單之內。幸好，外曾祖父已先一步帶着這封衣帶詔，先後逃到天津、上海、香港和加拿大，最後落戶青島，至一九二七年，在參加一次同鄉晚宴後離世，終年六十九歲。

[2] 康有為共有六房妻妾，子女共十五名，而康同薇字「文僩」，號「薇君」，乃大房張雲珠於一八七九年所生。

外曾祖父康有為是晚清時期重要的思想家和政治家，他的學說和主張深深地影響那個年代的青年，包括我的一家。

1.3

纏足起革命

我的祖母康同薇，既是康有為先生的長女，亦是他的得力助手，自小已飽讀詩書，精通普通話、廣東話、日語和英語。在我眼中，祖母是個慈祥且具智慧的老人，自從下嫁於祖父麥仲華，便一生相夫教子[1]，而我兒時有一段時間，曾在廣州跟祖母同住，當時因戰亂無法上學，就是由她親自教我讀唐詩的。

祖母除了是麥家的好媳婦，亦是當年提倡「女性解放」運動的先驅者。通讀西書的外曾祖父康有為，深知西方女性享有交往和讀書的自由，於是當誕下祖母之後，便下了一個影響中國女性的決定，就是不替祖母纏足，令她成為中國近代史上第一位不纏足的女性。

外曾祖父決心要以女兒為首，帶頭摒除纏足這個束縛中國女性千年的文化枷鎖，而當時跟隨不纏足的女性雖然前衛，卻要付出「長大沒人娶」的代價，惟獨他並不在意，更對反對的人說：「我有很多出色的學生，他們不會拘泥於世俗，女兒一定不會沒人要。」的確，多年後在香港迎娶祖母的祖父，便是康

1 一八九九年，康同薇跟麥仲華在香港結婚，一年後誕下長子麥健增。康同薇一生育有十一個子女，婚後三十年，她將全副精力都用於相夫教子，以及協助父親康有為推行維新大業。

有為先生的其中一位得意門生。

一八九七年，外曾祖父跟胞弟康廣仁在上海成立「不纏足會」[2]，正式向國民宣揚反對女性纏足的變革思想，而祖母亦多次以先驅者的身份，上台演講現身說法，談及纏足的禍害，康家的後人亦自此免除了纏足之苦。除了推動不纏足運動，祖母還創辦過女性學堂和《女學報》，讓女性有求學的自由和權利。這些作風在當時相當放膽前衛。

在婦女運動上，祖母總是走在最前，所以外曾祖父曾經在壬戌之秋，即一九二二年的秋天，寫了一件墨寶讚揚她，內文是這樣寫的：

行時問易說經詮
不似凡人傷別筵
記取天游曇上月
伏生有女出人天
壬戌之秋
七月十七日餞
同薇同璧二女

2 一八八七年，康有為曾在南海成立「不纏足會」，但遭民眾反對而拉倒，直至一八九五年再在廣東成立「粵中不纏足會」，並由康同薇和康同璧帶頭不纏足，兩年後才在上海成立「不纏足總會」，其時民風已易，入會人數眾多，其後福州、天津、澳門等地亦相繼成立相關組織。

酒後步月
薇同易義
並及人天之故
明日行
無人間怨感之情
庶幾游於人間
而不為人世所囿
則超然自立
夏十八日
游為老人寫於天游堂

在字裏行間，外曾祖父大讚他的兩個女兒康同薇和康同璧，有幸遨遊於人間，而「不為人世所囿」，意指她做事不受世俗束縛。這件墨寶後來被裱裝成橫幅，世代流傳，成為麥家的傳家之寶，到我在一九六七年結婚時，祖母便親自將它交了給我，如今安放在我家大廳正中。七年後，亦即一九七四年，祖母安詳離世，終年九十六歲。

一九三八年，祖父麥仲華與祖母康同薇合影，當年祖母剛滿六十歲。

1.4 博士級爸爸

父親麥健增[1]是我一生中最敬佩的人。他是祖父母麥仲華跟康同薇的長子，天資聰敏，記憶力極強，這不多不少遺傳自外曾祖父康有為，而他生性極之聰明，中英的語文能力亦高，所以年輕時能輕易取得「庚子賠款留美獎學金」[2]，在清華大學攻讀留美準備課程。

當年，祖母康同薇對他的期望甚大，不惜變賣家中的首飾，籌錢資助父親出洋留學，而父親亦不負家族的期望，於一九二三年負笈美國科羅拉多州大學（University of Colorado）完成大學學位，翌年再考入哈佛大學（Harvard University），於一九二六年取得工商管理學碩士名銜。一九三一年，家父再在美國哥倫比亞大學（Columbia University）取得經濟學博士學位，之後便返回北京的清華大學及上海的交通大學擔任特約經濟學教授，成為一個教育學者。

父親在國內的教鞭生涯原本一帆風順，可惜一九三七年遇上「七七盧溝

1 另有一寫法為「麥健曾」，全書根據麥繼強所述，一律寫作「麥健增」。

2 一九〇〇年（庚子年）八國聯軍侵華，一年後清政府跟十一個國家的駐華大使在北京簽訂《辛丑條約》，其中第六條規定清政府需向各國賠償四億五千萬兩。不過，後來中國駐美大使梁誠發現，美國在上報戰爭損失時，有誇大的情況，於是向美國國會要求退還不實賠款。一九〇六年，美國傳教士明恩溥建議向中國退還一部分

橋」事變，他因此要南下廣東出任財政部部長，兼廣州市財政廳長。不久，廣州失守落入日本皇軍手中，他又再帶我們舉家移居至香港和澳門，直至二戰勝利。一九四五年，家父返回廣州沙面從商，當生意略有規模時，卻又遇上共產政權南下，於是又舉家移居香港。

後來，他在香港以曾經在廣州嶺南大學執教的背景，獲邀跟其他教授創立崇基學院[3]，即香港中文大學的前身，而他則專門負責籌組商學院，直至一九六三年，中文大學正式成立，我們一家才擺脫戰時那段掙扎求存的日子，可以安頓下來。

父親一家有十一個兄弟姊妹，由於長兄為父，因此他自小便要負上管教弟妹的責任，養成他嚴肅，難以親近的性格。家父的脾氣很大，要求亦很高，所以身邊跟他相熟的朋友不多，個性亦比較孤僻，而父親有一點很值得欣賞，就是他的清廉。

父親當年具有清華大學的就學背景，亦做過廣州財政部要職，少不免要面對各種引誘，貪污舞弊的機會甚多，但他自覺為人者不應該，亦不屑做這種勾當，所以一直堅拒與他人合污。一九三八年廣州失守，掌管廣州財政的父親大可挾着金銀財寶逃難，但我當時跟着他，坐船北上國民黨的總部，悉數交下財

賠款，另一部分則成立獎學金，吸引華籍學生到美國升學。一九〇九年，庚子賠款留美獎學金正式成立。

3 崇基學院在一九五一年，由廣州嶺南大學前校長李應林、上海聖約翰大學校董歐偉國，以及香港聖公會領袖何明華會督（R. C. Hall）共同創立，創院時邀得麥健增、王書林、鍾魯齋等資深教授加盟。

產才南下香港，父親也是沒沾手分毫。

他不但清廉，同時亦遺傳了曾祖父麥百萬洞悉先機的眼光。我們每次舉家逃難，都是他事先看清時勢和歷史發展所下的決定，而且事前定必打點好一切。年少的我，當時未有這種眼光，亦不懂得害怕，只懂跟在他身後。

1.5 痛風實驗

父親是個刻板嚴肅的人，而且脾氣甚大，對別人的要求亦高，我自小跟他相處，就如老鼠見貓一樣，戰戰兢兢之餘，總想避之則吉。記得當年我還在浸會書院（浸會大學的前身）讀書的時候，有一次因上山採標本耽擱了時間，無法在入夜前趕回家，結果甫踏進家門，就被他當場破口大罵了一頓。

至於罵我的原因，其實離不開夜歸為何不先告知，令他擔心之類，但他卻沒宣之於口，只顧大發雷霆。自此之後，每次夜歸我必會事前打電話回家「備案」，免得又再招來痛罵。

正因為這份相處上的壓力，我跟父親的關係不算深厚，甚至不太懂得如何跟他相處。當我在中文大學任教時發生了一件事，卻令我們兩父子關係破冰。話說晚年父親一直受痛風症（Gout）困擾，發作時令他不時痛至無法站立，要坐輪椅上課，但他卻一直以為是患了類風濕性關節炎，簡稱風濕（Rheumatism）所致。由於一直斷錯了症，所以這個病足足令他辛苦了近二十年。

所謂的痛風症，簡單來說是因為血液裏有過多尿酸（Uric acid），當積聚於關節內便會沉積，形成一些針狀的結晶，引致關節酸痛、紅腫和發炎，而這個病有一定因素會遺傳至下一代。我曾將這個病向父親解釋過，但他卻死硬派作祟，矢口不信。

我身為一個科學家和學者，為了令父親心服口服，當時我大膽地做了一個小實驗。由於遺傳的關係，我亦患有痛風，平日但凡進食過多如香蕉等含豐富嘌呤（Purine）的食物，血液內的尿酸便會急增，引致病發。要對付這個病，其中一個方法是服用一種名為「別嘌呤醇」（Allopurinol）的藥物。

正因如此，我用了自己做實驗對象，在進食香蕉前後驗血，記下血液的尿酸濃度，再服用別嘌呤醇查看藥效。這個實驗的結果當然很正面，父親看了我的報告後頓時信服，說了一句：「我很感激你做了這麼多去證明你是對的，還令我康復，擺脫這個困擾了我二十年的大難題。」

我身為父親的兒子，一直想盡孝道，可惜沒機會，如今我總算找到了，當時我對他說自己「感到很滿足，能醫好父親。」誰不知說罷，父親竟即時感動得流下了男兒淚。那次是我首次見他流淚，亦是第一次見他流露感性的一面。

除了父親感性的那一面，還有一面，是我作為他的兒子，從來也沒看過的。

那就是他做老師執起教鞭時的那個模樣。父親六十五歲在中大榮休，七十七歲時因患肺炎發高燒入院，幾日後便安詳辭世。之後，在崇基學院為他舉行的悼念活動中，我從他的學生口中，才發現父親原來是個風趣幽默、上堂引人入勝的老師。

父親上堂，出名多笑話、多故事，即使他已退休多年，他的學生仍記憶猶新，在悼念會上如數家珍。據他們所說，中大其他經濟學系教授，當年都很怕在父親講課的課室隔壁上堂，事關期間學生總會突然嘩的一聲大笑，笑父親在隔壁課室說的笑話，令他們尷尬萬分。

多年後回想，其實他曾向我傳授過他的教學法。首要是準備詳盡的演講筆記，筆記的大綱要有妥善的組織和系統，其次是內容要相互緊扣串連，最後才加插一些笑話。曾幾何時，我也嘗試過這一套，只不過我想不出那麼多笑話，正如我也萬想不到，平日在家古肅認真的父親，竟然也有這樣談笑風生的一面。

值得一提的是，父親離世除了為他的學生留下不少回憶，還留下了一批南海先生的信稿給我。南海先生，是別人給我外曾祖父康有為的稱號，因他是南海人[1]。這批信稿都寫在日本的捲軸宣紙上，為數有四十多封。

1 康有為字「廣廈」，一八五八年生於廣東南海縣丹灶蘇村，人稱「南海先生」，弟子梁啟超曾出版《南海先生詩集》，輯錄康有為的詩作。一九七六年出版的《康南海先生遺著彙刊》亦輯錄了康有為的墨蹟、詩作、演講錄及文章。

有關這批信稿的由來，我父親提過當時外曾祖父每次寫信，都會自己寫一遍，修修改改之後，交給父親幫忙以楷書端正的抄寫一次才寄出。信稿的內容我已忘掉，但由此可見，父親的中文根柢應該很不錯，而且字寫得端正有力，才有資格幫忙抄寫。如今，這批信稿已是歷史文物，並落入我手中，早年我交了給中文大學圖書館影印，將印本放在圖書館內展出，若感興趣的話，大可到中大看看。

除了這批宣紙信稿，外曾祖父康有為還留了三件傳家之寶給麥家，自父親仙遊後，再交到我手。其中一件是我掛在家中二樓大廳的那幅橫幅，上記錄了外曾祖父大半生的經歷和對兩個得意女兒的感想；另一件同樣是外曾祖父親筆所書的橫幅，上寫有「雅賞」二字，早年我將它掛在大學的辦公室內，退休後便掛在我家三樓一角；最後一件是一個世紀以前，外曾祖父送給女婿麥曼宣，即我的祖父麥仲華的「雲蕉墨硯」，這件傳家之寶我珍而重之地用膠袋包好收藏。

父親是麥家的長子，祖父母對他的期望很高，練就他一副不屈、沉實的性格。

1.6 慈母

家母陳美玉，出身於科學世家，我的外祖父陳振先[1]，是中國民初有名的農業經濟學家，亦是清末駐美公使館書記官，畢業於美國加利福尼亞大學（University of California）。一九一二年，中華民國成立，他便在北京任職農林部次長，之後再升任農林總長、教育總長及總統府顧問。

三十年代，他開始在清華大學和北京大學執教。外祖父的四弟，即我的四表叔公，亦是醫學院的院長。他的女兒陳念慈則是英國倫敦大學博士，以及香港大學植物系講師。

至於外祖父的子女，亦同樣粒粒皆星，人才輩出，就如家母陳美玉，就考入北京協和醫學院讀醫，其後更取得生理學碩士。她的三妹陳美華，在家母過世後成為我的繼母，而她亦是一名醫生，畢業於上海醫科大學。她的六弟，即我的舅父陳永明[2]，則鍾愛數學，自學成家，早年以助教身份加入香港大學數學系，後來因他的學術表現優良，在短短幾年間便升為正教授，之後再晉升做

1 陳振先（一八七六至一九三八年）在中華民國成立後，曾出任北京政府農林部總長、署理教育總長、總統府顧問、北京稅務學校校長兼經濟學教授，以及清華大學、北京大學教授。

2 陳振先妻子為蘇慕德，原本生有一子三女，其中一子一女早夭，後來陳振先娶妾生下一子。之後，蘇慕德在北京協和醫院一名德籍婦產科名醫的協助下，以四十四歲高齡，在一九二四年生下陳永明。

系主任。陳家的優良科學基因，傳至我的大女兒麥令琴，亦同樣出色。她多年前已成為眼科醫生，現正在台灣執業。

當年陳家這科學世家，跟麥家門當戶對。家父麥健增曾在外祖父所管的農林部做過軍師出謀獻策，因此跟家母有過幾面之緣。不過，家母是個性格外向的人，在社交方面極度活躍，曾參加過很多女青年會的活動，作風在當年算是相當前衛，生活更是多姿多采，裙下的追求者很多，相反父親卻是個性格孤僻、嚴肅的「老古董」。所以，至今我仍不太明白為何家母最終會決定跟他一起。

家母自小心臟有毛病，大學時因身體欠安而沒有從醫，選擇了進修生理學，之後結識打算居美留學的父親，自己亦曾在外國留學過好一陣子，回流北京後不久才跟回流清華大學任教的父親結婚，一九三五年七月誕下我，組織了三人的小家庭，自始便在家相夫教子。

父母親都是早年的「海歸派」留學生，有一定的世界觀，而且曾經一同住在北京，起初相處沒甚麼隔膜，也算融洽。可是日子一久，家母發現父親雖然個性孤獨，平日卻很需要人作伴。婚後他經常要求家母留在家陪伴左右，這跟她的個性並不太符合。到後來父親跟家母的三妹有外遇，也是出於三姨能經常陪伴在父親身邊，直至他百年歸老。

在我眼中，家母是個慈祥、睿智的人，在我的童年回憶中她從來不曾責罵過我，亦很平易近人，所以我跟她的關係很好。小時候，我因戰亂而未有機會上學，她就不時在家親自教我語音學（Phonetics），讓我學得一口標準的英語發音，這對我長大後到美國留學，打下了良好的根基。

除了教讀英文，家母還經常跟我講科研小故事，如放射性物質研究專家居禮夫人（Madame Curie）的生平和事蹟，耳濡目染之下亦讓兒時的我嚮往成為一位科學家。

跟母親相處的美好時光並不長，家母的心臟病隨年紀漸長亦愈來愈嚴重，最後那幾年，她連上落樓梯也不夠氣力，要人在她背後攙扶。到我十二歲那年，母親一次從廣州坐船往香港，打算出席女青年會周年大會，豈料途中船被游擊隊打沉。

到後來親人目睹打撈起來的母親遺體，再將消息傳到廣州沙面告訴我和父親，我才知與母親已陰陽相隔。我即時痛哭了幾場，到後來才學會安慰自己，慢慢明白逝者已矣，接受現實，而母親就成為我兒時歲月的一段重要回憶。

母親最早的相片，攝於未婚時。

1.7 外遇

母親在我十二歲那年遽然離世，但早在她生前，父親已跟母親的三妹陳美華在一起，但在我入讀浸會書院時才正式再娶，她原本的三個女兒因此成為了我的妹妹。父親有外遇，家母早就知悉，兒時我曾親耳聽到母親跟照顧我的護士九姑的對話。母親向她剖白婚姻已亮紅燈，而且已到了無可挽回的地步，而當時她亦知道那個「第三者」是她的妹妹。可是，母親是個理智而且明白事理的人，她沒有選擇放棄婚姻，反而忍辱負重的繼續在家相夫教子。

猶記得當時，母親曾跟我說，我身為長子，要懂得爭氣。到後來母親遇難，父親多年後再娶，我便漸漸明白句中深意。父親再娶之事，我無法控制，亦無可奈何，但幸好繼母跟她的三個女兒自小跟我一起長大，關係不算差，所以即使關係有變，我亦沒有「遭外來人侵入家庭」的強烈感覺。可是，跟繼母和妹妹生活，始終還是有隔膜。

我雖是家中長子，亦是父親唯一的兒子，但我在家中卻沒有地位，更像是個外人，而且三個妹妹都彈得一手好琴，屢屢獲獎，令我頓覺自比不如，於是一直想在學業上發奮，考取獎學金到外國求學。我甚至認為只要我能取得博士名銜，便有出頭天，能取回家中的發言權，於是這成為我讀書的一大動力。

當年祖母康同薇亦深明我的境況，不忘提醒了我一句：「如果你想如願到外國求學，就必先要過你繼母那一關，所以你決不能跟她有衝突。」事後細想，這句話其實可以一言以蔽之：「小不忍則亂大謀」，而我亦深明此理。

到我父親再娶的時候，我已是個大專學生，體會到世界並不那麼簡單，任何危及我跟繼母和三個妹妹關係的事，我都盡量避忌，因此我對父親再娶沒有提出過問題或異議。

後來跟繼母一家相處，但凡遇有小矛盾，我都選擇忍氣吞聲。當怨氣積少成多，我亦只能繼續忍，找個機會自我發洩就算。我跟繼母的關係因此一直很疏離，到我後來出國一個人住，雖然好處不覺很多，卻至少能尋回一小片私人空間，讓我抖抖氣。

事隔多年，回頭再看父親這段外遇，我沒有埋怨他，反而覺得合理，事關感情並不能勉強，以父親的性格終歸需要身邊有人時刻陪伴在側，而這一點生母並不能滿足他，反而繼母能彌補這缺陷，一直陪伴他直至他終老。這件事亦令我經一事長一智，到我長大後尋找另一半，亦首要選擇個性跟我相合的對象，以免日後重蹈父親的覆轍，跟妻子關係不好，結果苦了自己，苦了下一代，幸好這方面上天對我不薄，讓我娶得一位賢淑聰慧的好妻子。

繼母（前排左二）和三個繼妹（從大至小分別為後排左一、二及四）跟我的童年密不可分，這張全家福攝於一九五八年，當年我二十二歲。

1.8 顛沛流離的歲月

我一九三五年七月四日生於中國北京協和醫學院[1]，那裏是我的母親讀書的地方，而當年的北京還叫做「北平市」。兩年後的七月七日晚，發生了一件歷史大事。日本的中國駐屯軍在宛平城以搜查「失蹤」日兵為由，大肆射殺中國守軍，一舉進攻盧溝橋，史稱「盧溝橋事變」，之後中國的抗日戰爭便全面爆發，同時標誌了第二次世界大戰，正式在東方戰場開始。

這件大事令我們舉家要南下避難，家父先行一步到了廣州的濱園，臨危受命擔任廣東省財政部部長，兼廣州市財政廳長。一九三八年十月一日，日軍成功在廣東大亞灣登陸，短短二十日便攻陷了廣州。

這段歷史在我孩提的時候發生，至今我已全無記憶，但從我父親多年後的憶述，得知當時日軍的戰機轟炸過沿江西路的「廣州第一高樓」愛群大酒店，又用機關槍掃射廣州眾多地標，街上槍林彈雨，炮聲不絕，整個廣州猶如一座危城。

1 於一九一七年由美國洛克菲勒基金會（Rockefeller Foundation）捐助成立，一九二九年被改名為私立北平協和醫學院，至一九四九年九月才回復原稱，現位於北京市東城區，又名中國醫學科學院及清華大學醫學部。

眼見戰況每況愈下，父親深感此地不宜久留，於是在廣州被攻佔之前，便立即坐快艇到廣州上游向國民黨辭去公職，交下財產後帶我們坐船舉家南下香港避難。當時家中尚算富有，父親將家當和日用品悉數放入多個箱中，更將老家的花草幾乎都一併帶來香港。

那次是我人生首次踏足這片香江土地。家父選了在九龍塘雅息士道八號落腳，那裏跟現時一樣是高尚的住宅區，而我的叔叔和姑姐當時亦跟我們同住在那間兩層高的大屋內。

讀過香港史的都知道，不久香港亦淪陷於日本人手中，展開三年零八個月的日佔時期。日軍入城之時，大批印巴籍人士，即我們俗稱的「阿差」，押着外國人俘虜打頭陣遊街，在市民面前當眾羞辱他們，之後日軍才施施然以榮耀的姿態入城。

我親睹過日軍用軍火轟炸啟德機場[2]，天上不時有飛彈劃破長空，發出「WE……」「嘭……」的吵耳之聲，之後還目睹日軍在九龍攻打香港島，掀起連場炮戰。正所謂「初生之犢不畏虎」，炮火連連對年紀輕輕的我來說很刺激，反而對於當年世界列強對中國的侵略，我卻是毫無概念。

日軍佔領香港後，人民的日子愈來愈難過，於是父親再帶我們一家搬到澳

2 日軍在一九四一年十二月八日凌晨二時偷襲珍珠港，六小時後再偷襲香港啟德機場，一舉將英軍的五架駐港戰機炸毀，四日後佔領機場。日軍其後跟英軍發起隔海炮戰，十二月二十五日，時任港督楊慕琦在尖沙咀半島酒店正式宣佈投降。

門的俾利喇街居住，即俗稱「三盞燈」的嘉路米耶圓形地附近。我們一家三口、九姑和爺爺、嫲嫲一起住在一間三房的唐樓中。在那年頭，這生活環境已比很多人好。除了俾利喇街，我記得我們一家還住過澳門西望洋山北面的亞婆井前地唐樓。

當年的澳門比香港落後，人民的生活亦相對貧苦。事隔多年，我還記得家附近，位於肥利喇亞美打大馬路，又名「荷蘭園大馬路」的那個充滿蘇州獅子林風格的「盧九花園」（現稱盧廉若公園），以及對出柯高大馬路（現稱高士德大馬路）旁的大榕樹。

昔日澳門雖由葡萄牙管治，但那時街上沒有警察巡邏，柯高大馬路一帶有很多人行乞，亦有很多人失業，終日流離浪蕩，生活飢寒交迫，很多人都活活餓死。幸好那年頭，正值榕樹果實大豐收，大馬路兩旁的榕樹結了大量果子，多得一地皆是。

榕樹屬於桑科植物，它的果子則屬於無花果屬，經烹煮後可以食用，當時的人就拾果子來煮番薯醫肚，因而救活了不少飢餓瀕死的人。這種生活一直要到一九四四年，中日戰事的形勢開始逆轉，才見好轉。

一九三八年，那年我三歲，攝於香港。

1.9 釣魚生物課

我的護士九姑，是我兒時最大的玩伴，亦是她多年來服侍我左右，將我養育成人，尤其當生母離世之後，她便是我最親的親人。她一直到我十幾歲時才辭工退休，跟她的侄女一起生活。事隔多年，我仍不時去探望她，直至她百年歸老。

跟她相處的十多年，我最掛念在澳門生活的那段時間。當時我在培正小學讀書，校舍旁便是被譽為「澳門三大名園」之一的盧九公園。公園內有個很大的荷花池，很多時九姑接我放學，便會帶我到荷花池釣鯽魚。值得一提的是，那裏其實不准垂釣，但因為生母當年曾在廣州東山的培正小學教過書，因她的人脈關係，我才能破例獲准在池邊釣魚。

當時釣魚是件有趣的玩意，皆因一切我都取於自然，用於自然，尤如一堂實驗生物課。當年除了九姑，家人還請了個來自順德的工人照顧我們一家。順德是曾祖父的家鄉，亦是桑基魚塘的發揚地。那個工人教我利用家中小庭園的一棵桑樹，開始養蠶蟲。

我會剪下桑樹的樹葉給蠶蟲吃，每次十條八條，不用兩時三刻，一堆嫩葉就會通通只剩下葉梗和一堆蠶糞。如是者，蠶蟲愈長愈大，之後經歷幾次蛻皮，幾個月後就會吐絲結繭。工人會將一部分的蠶繭放進鍋裏煮，再用筷子夾起蠶絲的一段，蠶繭便會不斷滾動，還原成一條蠶絲。

沒拿來取絲的蠶蛹會繼續長成飛蛾，經過交配後便會得到一堆蠶卵，孵化出蠶蟲。這個過程不斷重複，便有用之不盡的蠶絲。當收集了十多條後，工人就會將之織成一條粗大的蠶絲，一端綑在一支小長竹上，另一端則繫上小鐵鈎，製成我專用的小魚竿。

我會用麵粉加水，搓成一粒小麵糰，勾在鐵鈎上做魚餌，放入荷花池釣魚。荷花池屬於淡水池，池中的鯽魚喜歡成群集結在池塘底翻起塘泥，吃青苔維生，因此我會將魚餌深入塘底，放在魚群之中，等待時機猛力一抽，一舉勾住鯽魚的嘴。雖然成功率很低，而且每條魚大約只有我當時的手掌般大，但當有魚上釣，我便會興奮莫名，將戰利品放在玻璃樽內帶回家飼養。

每星期九姑都帶我釣魚，而爺爺則會帶我去草叢捉蚱蜢，亦即草蜢。那年頭，很多老人家都喜歡養隻會唱歌的雀，蚱蜢便是爺爺最愛那隻金絲雀的食糧。每次出動，我們會分頭在草堆中慢行，刻意撥弄野草，蚱蜢一受驚就會慌忙跳起，只要看準時機用手一撈，每次都能捉到幾隻。之後，爺爺會將它們放進蜢籠內，定時定候進貢給籠中的金絲雀慢慢享用。

講起雀，我對東山時期最深印象的，是我曾養過的一隻小麻雀。那是我在家後門捉到的，當時牠才剛剛學飛，求生能力不高，於是我用口咬碎餅乾，再餵牠。之後，我每天放學回家，便會打開鳥籠，讓牠飛上我的肩膀，振翅求食。我會將餅碎沾些水，再用牙籤將之送入麻雀的小黃口裏。感謝這小麻雀，在那戰亂頻仍的年代，成為我的小玩伴，陪我走過一段路。

九姑是我兒時最親密的玩伴，這張合照攝於一九四八年，當年我十三歲。

1.10 燒餅歌

二次世界大戰，中國淪為列強在亞洲的戰場，那個年頭每個中國人都望天打卦，希望戰事快些完結，《燒餅歌》因而在中國民間廣為流傳。那是一本預言書，內裏有一千九百一十二個字，組成四十多首歌謠，內容都是明朝開國軍師劉伯溫，跟明太祖朱元璋的對話。

當年，祖母康同薇亦愛讀此書，有一次她從歌謠中看到一句：「但得一聲金雞叫，大海茫茫日已過。」之後輾轉便踏入一九四五年，那年是乙酉年，亦即雞年，日本被投原子彈，宣告戰敗投降，彷彿應驗了《燒餅歌》中的預言，令人振奮。我還記得當時電台和報紙都大肆報道這件世紀大事，之後聯軍的戰機不斷在天空飛過，慶祝抗戰勝利。

日本戰敗投降後，我們全家便離開澳門，跟祖父麥仲華、祖母康同薇及五叔麥儼曾[1]一起回到廣州。當年五叔已婚，在昆明開舖從商經營美軍裝備，賺了不少錢，他於是接了祖父母，跟嬸嬸和繼輝堂弟[2]一起生活。我們一家則住

1 另有一寫法為「麥儼增」，他是古建築設計師，師隨中國著名建築史學家梁思成，即康有為門生梁啟超的兒子。

2 麥繼輝六歲時跟隨父母移居澳洲，長大後成為一位電腦專家，並育有一子一女。兒子麥令山是澳洲執業醫生，女兒麥令達則是澳洲女子羽毛球隊前隊員。

在沙面英國領事館（即現時的廣州信息交流中心）對面的唐樓三樓單位。

當年，已故恒生銀行及新世界發展的創辦人何善衡，跟家父是生意拍檔。日軍佔領香港時，何善衡將全數資金調到澳門，而家父就在澳門跟他一起從商。我雖不清楚他們經營的是哪一門生意，但應該生意不俗，我們一家才能如此不憂衣食地過活。在沙面住了好一段日子之後，我們又搬到東山一座獨立屋居住。

我在父母的安排下，入讀位於東華南路的東山培正小學五年級。期間，父親請來油畫界頗有名氣的風景畫大師楊秋人[3]，教我畫西洋素描。我還記得，要成為楊老師的學生，必先要過他一關，就是即場畫一個茶壺給他看，若比例掌握得好、有天分，他才會答應收為學生，不過學費不菲，每小時要一百多元。我由炭筆畫開始學，到後來已能用粉彩作畫，即使過了數十年，我這門技藝仍未有生疏，家中牆上如今仍掛有幾幅我親手畫的蘭花作品，這多得老師當年打下的基礎。

除了學作畫，我當時還有學爺爺養雀。有次廣州打颱風，街上滿是殘枝塌樹，我在家附近看到有個鳥巢被大風吹倒地上，巢內有一隻剛開眼的相思雀。我二話不說帶了回家收養，用餅乾碎將牠慢慢養大。也許，牠當了我是牠的母

3 楊秋人（一九〇七至一九八三年），又名楊工白，是中國近代的畫家，擅長畫油畫。四十年代，他曾先後在桂林美術專科學校、廣東省藝術專科學校，以及廣州市藝術專科學校任教，其時收麥繼強教授為學生。

親，所以即使牠在屋內滿場飛，也總會跟在我身後。我跟牠的這段「人雀之緣」，一直到牠能獨立生活，我才讓牠真正回歸大自然。

那段戰後日子，生活算有點閒情逸致，我本以為能自此安頓下來，誰知道第二次國共內戰[4]又隨即爆發，共產政權很快便攻打至長江以南，父親深知形勢不妙，於是在一九四九年共產黨攻陷徐州時，率先帶我們再次舉家搬到香港。

雖然當年父親已比一般人早遷居香港，但在香港還是很難找片瓦遮頭，最終家父在新界粉嶺一帶找了間兩層的簡陋農舍給我們落腳。當時，生母已因船難身故，我於是跟父親、九姑、繼母和她的三個女兒一起住，而且無法繼續上學，只能每日在家裏跟三個妹妹一起，讀英文故事書和背誦唐詩，生活百無聊賴。

日日賦閒在家，父親於是在農屋前的田上耕作，種莧菜、芥蘭和番薯消磨時間，而我亦有幫忙收割。不過，可能父親始終是個讀書人，不太懂得農務，除了莧菜有收成，其他作物不是毫無收成，就是難以收割食用。

除了耕作，當時我還有另一嗜好，就是捉蝴蝶製成標本。我用鐵線和紗布扭成捕蝶網，趁日照時間出發到火車站附近的草堆等待時機。蝴蝶有一種習

4 第二次國共內戰在抗日戰爭結束後即爆發，當時共產黨跟國民黨在重慶展開政治協商會議，但談判最終破裂，引發是次內戰，首五年（一九四五至一九五〇年）戰場在中國內地開展。一九四九年，中華人民共和國成立，國民政府避走台灣，往後兩岸政府互相對峙，偶有衝突，至一九七九年才停火。

性，就是會成群出動，像洗樓一樣，一站一站的在花叢中停留採蜜。

我只要守在花叢中，一見目標飛過，就用捕蝶網橫向一掃，雖然命中率不高，但每次總有一、兩隻成為我的網中物。我用紙打斜摺成一個三角袋，將捕得來的蝴蝶放進去帶回家。回家後，用鉗輕輕一夾，蝴蝶就會失去知覺，之後再用大頭針將它釘在紙上待乾，便成為「麥繼強式」的土炮蝴蝶標本。

這段日子真的好不容易過，一年後我們搬到九龍城寨居住。至於我們一家在哪裏落腳，我已沒甚印象，只記得一九五一年十一月二十一日，在黃大仙東頭村寮屋區發生的那場大火。當時我瞞着父親和繼母，獨自跑上家的後山隔岸觀火，當時白日當頭，火光熊熊，情境可以用「四面楚歌」來形容。

事後，報道指那場火燒了四小時，近四千間木屋葬身火海，造成兩死九傷，近萬人受災，而我的家雖然未被大火波及，但我同樣遭殃，事關那次獨自上山，害我被父親痛罵了一頓。

我們在九龍城居住了一年左右，沒有甚麼可堪記下的回憶，日子同樣是百無聊賴，之後我們一家再搬到九龍塘雅息士道十號後座居住，自此我們一家的生活才真正的慢慢安定下來。

一九三八年，與父母攝於香港雅息士道八號的家。

1.11 另類寵物

自小我已是個孤獨的人，因戰亂的關係，我沒有同學、沒有朋友，若家人和九姑沒時間陪伴我，我就只好自己尋找玩意。有時我會跟自己玩遊戲，如用左右手各扮一隻公雞互相對打。

在旁人眼中，這或許是件很怪的事，彷彿突顯了我的孤獨寂寞，但卻磨練了我豐富的想像力，旁人並不會明白。同時，這也是我在那個荒亂的時代，無可奈何之下，唯一能苦中作樂的生存之道。其實，那段時候我還有另一樣自娛的興趣，就是飼養各種另類的寵物。

養蟋蟀

鬥蟀是我在澳門生活時相當盛行的活動，雖然沒有人跟年紀小小的我鬥蟀，但我卻可以自己培養選手，閒時來一場激鬥。

那年頭，所有蟋蟀都無法配種，只能夠野外捕捉。在草叢中，它們會發出響亮的叫聲，依聲慢慢低頭尋找，就會發現它們的巢穴。每隻雄蟋蟀都在泥中掘地道建成巢穴，再發出叫聲吸引異性，只要先用一把刀堵塞地道的一邊出口，斷其退路，再眼明手快地一手按住它，它就會乖乖就範，走進我買回來的竹筒內。若果失手，我只要在附近等一會，它又會乖乖回到巢穴，發出叫聲提示我，讓我再出手。

大戰之前，我會定時用黃瓜和菜餵飼它們。等時機一到，我就會找來一個蟋蟀盤做戰場，用棍紮起幾條老鼠鬚或蟋蟀草挑釁它們，激起它們的戰意，再讓它們落場開打。蟋蟀之間的比拚很簡單，它們會互相咬住對方鬥牙力，較弱的一方會被摔開，跟打柔道差不多。當有一方自知不夠打，它就會來一招「三十六計走為上計」逃之夭夭，當下次再見到對手，也會即時落荒而逃。

有趣的是，我發現蟋蟀跟人類一樣，戰敗就會氣餒，失去自信。當我安排幾隻實力較弱的再跟它比拚，它贏了幾次，便會重拾自信，即使再重遇昔日強敵，也會戰意旺盛。到我長大後選擇作育英才，發現這點定理亦能用於栽培學生之上。

捉老鼠

在澳門，我們家養了一隻家貓，但牠卻像加菲貓一樣，生性懶惰，對家中肆虐的老鼠持放任態度，令人好氣。因此，我唯有自己出手。要捉鼠，先要知道牠們的巢穴所在，以我觀察幾日所得，牠們通常會在牆角，咬穿木頭製成一個小洞口居住。

知道敵人所在，我就會用一個長方形的鞋盒，在闊那邊開一個小缺口，形成一個有入無出的密閉空間，再將小缺口對準老鼠的巢穴出口。之後，九姑會準備一些烤香了的魷魚絲，放進鞋盒內，陷阱便大功告成。

我會坐在牀上靜心等待，通常不消半小時便會有異動。我躡手躡腳輕聲走近，一下子用火柴盒塞住鞋盒的缺口，再拿起鞋盒用力狂搖幾下，老鼠就會當場暈倒，最後死於夾炭用的火鉗之下。

捉鼠對我來說是很大的挑戰，皆因老鼠繁殖速度很高，往往捉之不盡，而且有部分天生聰慧的老鼠很知機，沒有中計，結果要花我很多時間才能擒獲。而根據我的非正式統計，通常中招的都是大母鼠，反映牠們的覓食習性。

鬥蟻

除了老鼠為患，澳門家中的蟻也有很多。每遇颱風，它們就會像我們逃避戰禍一樣，搬家自保，而且搬得有規有矩，往往是工蟻打頭陣，幼蟲跟着，雌蟻殿後。當我發現這習性之後，就忽發奇想，想出了一個鬥蟻的玩意來。

我事先用蟋蟀盤裝滿泥土，然後將搬家中的蟻一舉掃進盤中，再將之放在一個裝了水的碟上。這個裝置可防止螞蟻離開蟋蟀盤，靈感來自當時民間所用的食物櫃。那時候雪櫃還未引入中國，我們都將食物放入木製的食物櫃內，再在木櫃的四隻腳下放一隻碟，上面裝滿水。如此一來，就可杜絕蟲蟻沿着櫃腳爬入偷吃。

成功將螞蟻群移師到泥盤上之後，我會在一端放一塊石頭。不久，工蟻就會走近，挖走下方的泥土製成地道，安放蟻卵和幼體。兩、三日之後，一個龐大的地下螞蟻兵團便會形成。我只要重施故伎，就可複製出幾個蟻盤王國。

好戲往往在後頭，大戰在我的悉心安排下上演。我會先將兩個蟻盤並排放在一起，之間放上一根牙籤，令兩個螞蟻王國連結起來，而要挑起戰爭，我會在牙籤中央放一滴蜜糖。當有工蟻巡邏時發現，就會趕回巢穴，用頭上的觸鬚通知同伴前來搶食。不消一會，兩派的工蟻就會空群而出，在泥盤上火速移動。

此時，我會在兩個盤中間多放一根牙籤，讓兩派正式交鋒。工蟻遇見敵人就會劍拔弩張，互相噬咬，鬥個你死我活，前仆後繼，直至屍橫遍野為止。為保家國，工蟻往往勇不可當，衝鋒陷陣之勢，令我看得入神。當眼見一方大勢已去，勝負已分，我就會拿走牙籤，宣告戰事結束，讓兩派得以休養生息。

養蜘蛛

蜘蛛在家也很常見，它們很喜歡在我家椅子下結網，雌性的蜘蛛通常體型較大，大多有一節手指般大，呈暗黃色，雄性的則鮮艷得多，呈鮮紅色。我專挑雌性的蜘蛛，用筷子將它們引進紙盒內，一、兩日之後，它們就會結網。

我會定期在蟻盤中拿出幾隻蟻，放在蜘蛛網上，觀察蜘蛛的行為。它會先噴出消化液溶掉螞蟻的外殼，然後才慢慢吸食它的體液，直至剩下一個空的螞蟻殼為止。久而久之，蜘蛛會愈長愈大，並經歷幾次蛻皮。每次蛻皮，蜘蛛的身體都會裂開，蛻皮而出之後，體型會立即變大，叫人嘖嘖稱奇。

之後，我會為雌性的蜘蛛找一個伴，再觀察求偶的過程。雄性的蜘蛛會小心走近異性，再用腳不停搖動蜘蛛網，發出求偶的信號。當成功走近，雄性的蜘蛛就會趁機將腹部的儲精囊，與雌性蜘蛛結合，完成交配。幾日後，雌性蜘蛛就會誕下一大堆蜘蛛卵。

雌性蜘蛛會吐絲編織一個蛋殼，妥善安放蜘蛛卵，並日夜在旁守護，直至蜘蛛卵孵化成細小的蜘蛛，雌性蜘蛛仍會照顧它們的起居飲食，直至它們能獨立生活，乍看猶如群居哺乳類動物的社會一樣。

捉甲由

甲由，即蟑螂，在我家飼養那隻家貓的放任管治之下，同樣在我家中肆虐。體型龐大的美洲甲由（American cockroach）可謂自小與我為伴，直至我長大後住在中文大學附近的白石角，它們依舊老是常出現，每次見到，我都會一腳將之消滅。

不過對於甲由，我兒時並非通通殺無赦。當見到它們飛速走過，我便會在迅雷不及掩耳之間一手按住它的背部，再向下輕輕一壓。這樣它們即時會動彈不得，任我魚肉。我會將它們放進有蓋的罐內，定時定候給它們餵食米飯粒。它們的體型於是愈長愈大，若遇上已交配的雌性甲由，它們更會生下蛋囊，最終孵出一大堆羽翼未豐的小甲由，之後我會再將它們慢慢養大。

我會將甲由罐，連同蜘蛛盒和蟻盤通通都放在我的牀下，組成一個小小的昆蟲培植中心。或許有人會覺得嘔心，難以接受，但我家人卻沒有反對，而我亦從中發掘到不少有趣的生物知識，同時慢慢令我對生物科產生濃厚的興趣。

一九五二年，攝於雅士息道家中水池。

1.12 雅息士道

九龍塘的雅息士道八號大宅，是我度過童年的地方。在二次大戰前後，我分別住過八號和十號屋。當年這兩層高的八號大宅，充分彰顯了麥家的富有，那裏的環境清幽恬靜，兒時的我身邊有九姑侍奉我的起居生活，讓我就像個王子一樣，活在這小小的王國之中。

有關八號大宅的環境，距今雖已是很多年前的事，但我對那裏的一草一木，至今仍然記憶猶新。我記得大宅後方是一片竹林，一踏進我家大門，便是一個偌大的花園，左邊是個被樹木圍繞的小型噴水池。

當時父親會在花園種豆角，每隔一、兩個月我就會幫忙收割。花園的右前方是一個車房，面積一點也不小，可以住人，我記得五叔麥儼曾、七叔[1]、八姑姐麥佳曾[2]、九叔麥信曾[3]、十姑姐[4]來港時，就曾在這裏住過。

車房後面是大宅的後門，而面對車房的左邊則是兩層高的大宅。一踏進正門便是客廳，正對着一條可直登二樓的迴轉樓梯，梯的左邊分別是我和祖父母

1 其名及事蹟已不可考。

2 麥佳曾於燕京大學畢業，丈夫為中國駐澳洲領事，一九四五年隨丈夫移民，定居悉尼。

3 麥信曾畢業於昆明市的國立西南聯合大學航空工程學系，曾在香港《大公報》擔任記者，精通四國語言，晚年醉心研究電單車，並取得多項發明專利。

4 其名及事蹟已不可考。

的房間，右邊是可通往屋外的側門。正對着我房間的是廚房。走上迴轉樓梯先是一個小小的閣樓，我的三姑姐麥倩曾[5]曾住在那裏，樓上二樓則是父母的主人房。

這間大宅我們直至日軍攻佔香港後大半年才搬離。我記得日軍進駐九龍的時候，選了我家後面，位於金巴倫道的「花園城市俱樂部」，即現今九龍塘會的前身，作為憲兵司令部[6]。

幸好當年祖父曾留學日本，懂得說日語，所以即使日軍入城，日兵對我們一家也尚算客氣。當年，時不時都會有日兵前來我家，在我家後門的竹林斬竹，用作建馬房之用。祖母曾跟士兵交涉，叫他們不要斬光所有竹，他們也是客客氣氣的跟我們協商，並沒有對我們無禮。

我家大宅旁的雅息士道十號屋同樣也被日軍佔領，改成安置慰安婦的妓院，每逢晚上我不時會聽到十號屋傳來扔爛酒杯，和日軍大聲呼喝的聲音，令我深深感受到日軍發洩謾罵的怒氣。我親眼目睹這些情境，卻無法阻止，只能慶幸日軍沒對我們一家做過甚麼。

那個時候，我家大宅前的噴水池亦因疏於打理而幾近乾塘，只剩下兩條七星魚在僅餘的水中生活。不過，這兩條魚的生命力頑強，更生下一堆魚仔，就

5 麥倩曾曾任武漢華中師範學院（現為華中師範大學）教育系教授。

6 日軍攻打香港期間，總司令部位於尖沙咀半島酒店，佔領後憲兵總部設於中環德輔道中的舊立法會大樓，即現時的終審法院，並將香港劃分為五個區，在每個區設分區總部。

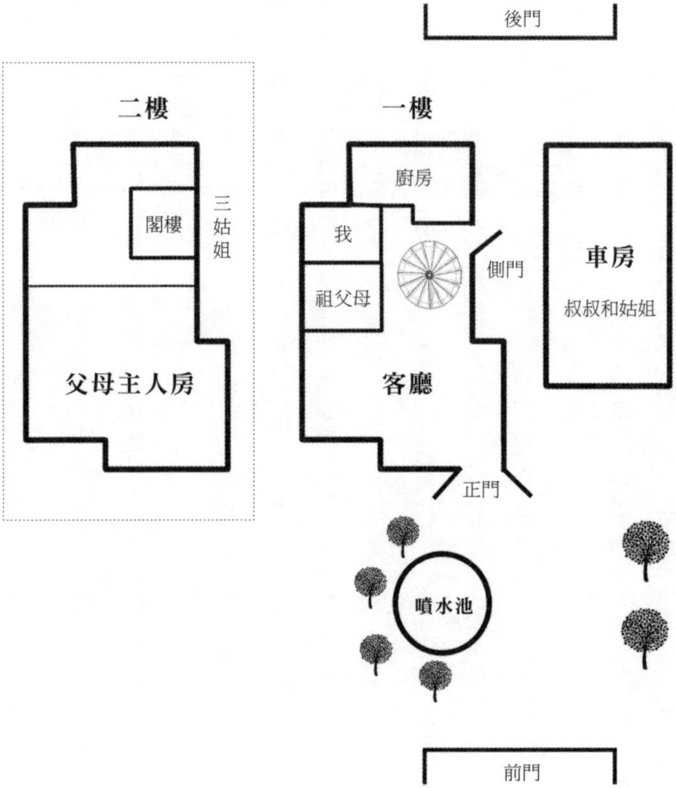

對於兒時雅息士道八號獨立屋的佈局，至今仍記憶猶新，以上為二〇一七年時憑記憶所畫。

像那個年代的香港人一樣，能屈能伸。正如當年，我們家為了逃避戰火，多次搬家，在香港生活，我們一家都沒有工作收入，所以我總是不明白父親何以維生，賺取收入養活我們一家。

這段忍辱求存的日子過了大半年，我們一家便遷居澳門；之後以代理日本樂聲牌（Panasonic）家電聞名的信興集團創辦人蒙民偉一家，便搬了過來。有傳那是他的父親蒙國平於一九四三年，以二萬二千日本軍票買入的。

二戰結束後，我們一家輾轉又搬回雅息士道，住進曾經是妓院的十號大屋，直至我長大出國留學為止。那段日子值得記念的事很多，其中值得一提的是，我很喜歡彈橡筋圈，凡是停在我家的蒼蠅，幾乎都會成為我的手下亡魂。當年百厭貪玩的我，還喜歡爬上樹，居高臨下，用橡筋瞄準隔壁蒙家的小狗，彈得牠「扎扎跳」。

可惜，上得山多終遇虎，我的「惡行」最終還是被蒙民偉的小千金發現了。她哭着指罵我，而我當然哭笑不得，沒理她繼續玩。如今回想，彈橡筋圈是我在那個多災多難的年頭，用以苦中作樂的小玩意，慶幸我至今依然寶刀未老，幾乎仍是百發百中。

一九五三年拍攝的全家福，左起分別為三妹、二妹、我、舅父陳永明、父親、繼母；前排為外婆及大妹。

1.13 學業打出頭

戰後，我們一家在香港定居，我在香港培正中學任教數學的舅父陳永明安排下，直接跳過小學六年級及初中一年級的課程，到那裏升讀初中二年級。當時，我的三個妹妹[1]並沒打算上學，只一心想繼續鑽研琴藝，繼母和父親亦認為我沒必要讀書，惟獨舅父替我極力跟他們爭取，半年後我才得以如願入學，一切可以算是得來不易。

舅父當年力主的決定，可謂改變了我的一生。自從家母離世、繼母入主，我便覺這個家並不屬於我，即使是長子，我在家中亦沒有甚麼地位，感覺像是個格格不入的外人，更遑論有發言權。反而三個妹妹因琴藝了得而備受寵愛[2]，久而久之讓我不免覺得失落和自卑，同時有點不服氣。

正是這一點不服氣，激發我要好好讀書，在學業上出頭，令家人另眼相看。在入學之前，我過了幾年賦閒在家的生活，平日母親和祖母都在家教我英文和背唐詩，所以初初升上中學，中文和英文科都不難跟上，當年教我英文科的程

1 麥繼強教授的三個妹妹分別為麥麗齡、麥雲卿和麥意蘭。

2 麥繼強教授的二妹羅麥雲卿（Lamae Loo）是當代著名鋼琴家，在一九五五年贏得全港高級巴羅克、現代及視譜鋼琴第一名，翌年贏得全港成人公開賽巴羅克、浪漫及現代鋼琴第一名，一九五九年更獲倫敦 L.R.S.M. 歷來最高評分。後來，她於密利克大學（Millikin University）出任助教兩年，再在密芝根大學跟隨名師 György

智真老師很賞識我的英語發音，亦曾當面稱讚我，這都是家母的功勞。

不過，初中時我只是個成績中上的學生，其他學科都跟得頗吃力，尤其是數學科。為此，我做了很多數學習作惡補，將勤補拙之下，日漸有功，到了下學期我已成功追上其他同學。

後來升上高中，我選擇了攻讀理科，而我的學業成績亦慢慢冒出頭來。在芸芸學科中，我對化學尤其感興趣，事關化學有不少公式，亦有很多規律和定理，十分容易掌握。當年的化學教科書，都被我一一讀通，我還會自製筆記，有系統地將重點串連組織，到後來我甚至成為「無書學生」，平日只靠筆記便能一本筆記「睇到老」，順利應付考試。

化學科讓我得以重拾在家失落的自信，正因如此，很多時候我都有種寧願上學，也不想回家的感覺。上學使我感受到被重視、被尊重，經常有同學向我請教化學和數學，亦使我逐漸確立日後要踏上成為學者的人生路向。

猶記得有一次，有同學邀請我開講，講解他們弄不清楚的艱深理論，結果反而令我撞了板。事關當時其中一位同學正是任教我們化學科的老師的兒子，有日他脫了口跟父親說：「麥繼強將你在堂上講不明的理論都解通了，看來他教得比爸爸還要好。」要知道中國人對面子看待得何其重，同學這一着令我無

Sándor習藝，一九六七至六九年在東密芝根音樂系任教，並擔任美國鋼琴教師協會主考官達三十五年。一九九二年，她創辦全美音樂盛事「美國公開音樂賽」，在鋼琴界享負盛名。

故得罪了老師，校內的分數亦因此慘被壓低了不少。

到後來報考中學會考，當年應考化學科的只有幾千人，每屆只有約二十人可以取得優異成績，而我就是其中一個。我中學時期對化學的熱愛，對我日後走學術研究這條路打下了重要的基礎，但我最鍾情的學科，卻始終是生物科。

自小對各類生物滿有好奇的我，高中時便矢志要入大學讀生物，將來到外國考取博士回流，走學者的路。不過，當時培正中學的生物科老師很執着要學生跟他畫圖，對於一心想追求知識學問的我來說，頗為反感，於是決定懶理老師講課，在家自學鑽研。

那段時期，我重拾了兒時的一大嗜好，就是製作標本。我拿着課外的標本參考書，將捉來的各種雀鳥製成幾可亂真的標本。我會先將捉來的雀鳥，在胸口開一刀，再小心翼翼地將皮肉分離，並剪下雀鳥的腳骨，刮去表層的肉和皮清洗乾淨備用，之後便用鹼水烹煮外皮，令表皮硬化後風乾。

大功告成後，便是純粹考手作工夫的時間。用棉花充填成雀鳥的身體，然後用表皮包裹，一針針的縫合，再將假鳥身放在已處理好的腳骨上，用膠水黏穩即成。我製作的雀鳥標本，乍看栩栩如生，令不少同學嘖嘖稱奇，找我幫忙製作。試過一次有野貓經過看見標本，真的以為是真鳥，一躍將之叼走，事後才知中了伏。

此外，製作樹葉標本亦是我的嗜好。我會將採下來的台灣相思、榕樹等的樹葉，夾在書內壓一、兩個月，等它乾後製成書籤。對於我這兩門手藝，生物科老師似乎不太欣賞，但我還是自得其樂。之後會考，我的生物科跟英文科也順利取得優異成績，算是考得不錯。

回想我的高中求學生涯，化學是我表現最出色的學科，但我仍未找到箇中的興趣。當時我要去美國攻讀生物博士學位的願望，亦未有明確的方向，心裏很焦急，一直想找一位有分量的生物學家做我的伯樂、做我的指路明燈，幸好後來讓我遇到了任國榮教授，我的人生路自此有了重大的轉變。

在生物和化學以外，高中時我還很沉迷幾何。對我來說，幾何是一門考驗如何解決問題的學問，往往看似無解的數學難題，只要在適當的地方畫一條虛線，答案便昭然若揭。這門學問對我日後的處事方法有很大影響，皆因我喜歡將問題當成幾何問題去拆解，並且嘗試從不同的角度切入，以不同的方法找出答案。

就如當我四、五十歲開始研究如何分析股市走勢時，畫虛線這一招便大派用場，我只要用間尺在圖表上畫兩畫、計兩計，就會豁然開朗，發現很多股市入手的新形勢、新可能。

一九五四年，與培正中學同居同學留影。

1.14 「左仔」同窗

因為戰禍的關係，我兒時沒有甚麼機會讀小學，只在澳門的協和小學讀過二年級，之後分別在澳門盧九和廣州東山的培正小學，讀過小學四及五年級。多次轉校，加上只斷斷續續地讀過幾年小學，我並不像現今的小孩，有一班跟着我一起長大、一起玩的同學。

事隔七十多年，我如今只記得當年培正小學的一位同學「王釧」，他還有個弟弟叫「王煜」，後來亦成為我的好友。有關「釧」字的寫法，我其實已不太記得，只記得他父親是個物理老師，特意為兩兄弟都取了個艱澀難寫的單字[1]。

王釧是我在澳門讀書時的死黨，我們都是「誠社」那一屆的學生。記得當年每次上學見到他，我總有不絕的話題與他分享，可惜友誼只維持了短短一年，我便要退學搬家。頻頻停學、避難、轉學，相信是生於我那個年代的人的普遍寫照。

1 翻查香港培正中學同學會紀錄，王釧畢業於一九五四年「匡社」，「釧」字乃其正寫。

到後來我在香港的培正中學讀書，雖然跳了兩級，直升中二，但我還是比同齡同學遲了數年升中。因此，我由原本的「誠社」變成了「瑩社」學生[2]，讓我認識到比王釧小一年的弟弟王煜。

當時，培正中學已是一間名校，國父孫中山也曾經出任過該校校董，而我的瑩社同學之中亦有不少名人，包括前新華社香港分社副社長、回歸後獲頒大紫荊勳章的共產黨黨員毛鈞年，以及設計香港特區區旗和區徽的知名建築師何弢等。

至於當年的瑩社級社社長是林秀棠，同樣是個猛人，是恒生銀行創辦人林炳炎的第四子，長大後成為香港大昌貿易行的總經理。我跟他也算稔熟，事關我的父親麥健增，跟他的爸爸林炳炎，以及新世界發展創辦人何善衡是世交，三人在澳門時曾一起開公司營商。

當年，林炳炎是公司中的老大，何善衡是老二，我爸則是老三。到後來戰亂平息，我們舉家遷回香港定居，輾轉間就跟林秀棠成為同學。讀書時期，同學都喜歡叫他做「貓仔」，因他兒時天生有副童臉，但卻很聰明，而且為人慷慨豪爽，經常自掏腰包倒貼辦派對聯誼，請同學參加，因此亦積下不少人緣。

在全級同學中，毛鈞年可算是典型的「左仔」領袖，人人都知他是個愛國

2 翻查香港培正中學同學會紀錄，一九五三年畢業的為「誠社」，一九五六年則為「瑩社」，而王釧比其弟王煜及麥繼強早兩屆畢業。

愛黨之人。升上高中後，他還組織了一班學生，以「一對一」的人釘人方式，積極拉攏身邊讀書成績優異的同學到內地升學，我的好友王煜便是他手下的其中一員，而我亦順理成章成為王煜首要拉攏的對象。

不過，我當時已矢志到美國深造，自然不為所動，我曾反游說王煜跟我一起出國，但亦不得要領。最終，我跟何弢如願赴美求學，王煜就真的北上，到中山大學攻讀數學。最令人意外的是，毛鈞年反而沒有跟大隊，選擇在香港大學讀文學，後來成為了中學老師。

多年後，我學成返回香港，在中文大學執教，我跟其他同學曾多次獲邀回到何文田的培正中學母校，以傑出校友的身份，向小師弟妹分享成功之路。期間，我得知王煜在國內的仕途並不順利，於是游說他回流香港。他在香港大學取得哲學博士之後[3]，便在中文大學的哲學系出任教授，由昔日同窗變成了我的同事，直至榮休。

3 王煜回流後，本在香港大學修讀數學系，後受時任中文系兼職講師、中國近代思想家唐君毅影響，遂轉入中文系，投奔其門下，並決定以哲學為畢生主業，文學為副業。

一九五六年，培正中學瑩社同學合照，我站在中排左四位置。

1.15

樹上王國與《進化論》

我高中的讀書生涯，大部分時間都花在雅息士道十號屋花園的一棵大樹上。那棵大樹的樹幹有個三岔口，形成一隻手掌般的形態，可讓一個人坐上去。年少時的我爬上這棵樹上看書，居高臨下、風涼水冷，讓我感覺到自己就是王。這間「三岔樹屋」對當時在家毫無地位的我來說，才是我的家、我的巢，直至我完成高中學業，到美國留學才離巢而去，正式進入成年人的世界。

在樹屋上，我拜讀過不少著作，範疇包括分類學、植物學等生物科的入門書籍，而影響我最深遠的，是英國生物學家達爾文（Charles Robert Darwin）於十九世紀所寫的《物種起源》（*On the Origin of Species*）。我在此書寫成差不多一個世紀後，才有機會拜讀，但內裏所提及的生物觀、世界觀卻沒有過時，即使到我後來回流中大執教，這套學說依舊深深影響我的人生哲學觀。

作為當代生物學的核心思想之一，達爾文的「進化論」嘗試解釋人類的起源，掀起了生物學界多年的激烈討論。他在一八三五年九月到訪南美厄瓜多爾的加拉帕戈斯群島（Islas Galapagos），發現相同品種的雀鳥卻有不同形狀的喙，有些較短方便咬果實，有些則較長用來吸花蜜。他因此備受啟發，提出生物為了生存會彼此競爭，經世代演化，身體會因應生存環境而變異、進化。這便是「進化論」的源起。

這套學說不單可以應用於廣大的生物世界，還可放諸於人類的日常生活之中，而它至少教曉我一點，亦是最重要的一點：「物競天擇，適者生存，不適者被淘汰。」

回想我兒時經歷的戰亂，便是一個很好的佐證。很多人在戰火中失去性命，有人家財盡失，惟獨父親能看清時勢帶我們一家避難，同時能洞察箇中商機，與恒生銀行已故創辦人何善衡、林柄炎等一起從商，賺錢養活我們一家。

到後來生母蒙難，我寄於繼母籬下生活，祖母跟我說要避免跟繼母一家起衝突，我才有機會到外國升學。「適者生存」這四個大字於是深印腦海。書中教曉我，生存環境從來都不會遷就任何生物，只有生物去適應環境努力求存，人類亦如是。面對不如意的事，與其怨天怨地，倒不如努力適應。

因此，中學時期的我是個機會主義者，既沒有像其他同學般追求男歡女愛，亦沒有甚麼課餘玩樂，一切都以考試和學業為先，誓要拿到獎學金如願到外國升學。記得當時有些同學覺得我是個孤僻的怪人，事關我無論晴天雨天、春夏秋冬，都總會帶一把長傘上學，所以同學都取笑我，戲稱我做「擔遮佬」。

這原本是父親的主意，想我能未雨綢繆，免得突然遇上風雲變色時，慘變落湯雞，結果累我變成同學眼中的怪人。之不過，我並沒介懷，因為未雨綢繆其實也是努力適應社會的一種生存之道。

高中讀書的日子並不易過。我自問記性不好，中學時成績亦只算中上，按理難有今時今日的成就，但我選擇對症下藥，學會自製筆記，協助自己有系統地記下要點，深化和鞏固記憶，同時不斷操練應試技巧，付出了很多時間，好不容易才得償所願，順利取得博士學位。

要知道這個世上沒有免費午餐，凡事都總要付出，到我後來生了兩個女兒，手下有過百名博士學生，我亦將這一套「進化論」，潛移默化地灌輸給他們，希望他們能把握自己的人生，不斷自我砥礪，遇強愈強的去求存。因此，他們之所以有今日的事業和學術成就，不單是因為有人栽培，他們自身的努力亦必不可少。

約一九五七年，攝於家門口。

第二章

2

留學他鄉

2.1

人棄我取

一九五六年，我會考畢業，化學取了優異（Distinction），另外三科則有良好（Credit），算是考得不錯。五十年代，香港法定的大學只得香港大學，升讀專上院校是會考畢業生的熱門選擇。當年，中文大學的創始書院之一崇基學院[1]只開辦了五個年頭，香港浸會書院（即香港浸會學院及香港浸會大學前身）[2]則是首年創辦，而我當時心無旁騖，一心只想讀生物系，但手上卻有兩個選擇，曾經令我難以取捨。

家父麥健增是崇基學院的創校元老，當年他已在學院任教經濟，而我當時亦有參加崇基的入學試，主考物理、化學、數學、中文和英文五科，我順利取得了好成績，可以入讀崇基的生物系。

那邊廂，浸會書院剛創校，還未物色到適合的校舍，於是借了同樣有浸信會背景的培正中學H座四樓課室辦學，而當時培正中學的校長林子豐博士，亦兼任了浸會書院的創校校長。當時，書院的教務長特地約見了我和其他培正的

1 崇基學院於一九五一年成立，由國民政府時期內地十三間具基督教背景的大學合組而成，包括有「東方哈佛」之稱的上海聖約翰大學、南方第一名校廣州嶺南大學等，並於馬料水建立校園，即現今中文大學校址。一九六三年，學院跟新亞書院及聯合書院合併，成為香港中文大學。

2 香港浸會大學最初名為香港浸會書院，一九七二年改名為香港浸會學院，直至一九八三年，學院獲大

畢業生，想游說我們升讀浸會書院。書院初期只有外國文學、社會學、數理學、土木工程和工商管理學系的文憑課程，生物、物理和數學科都被合併在數理系之中，而以我當時的成績，亦足以入讀數理系有餘。

對於究竟入讀哪一間院校，父親和繼母都沒有意見，只答應負責我的學費，其他的都讓我自行決定。一個是擁有山明水秀校園的崇基學院生物系，另一個則是剛開辦的浸會書院數理系，明眼人或者不用細想，一定會入讀崇基學院，但我卻坐在家中後園的「三岔樹屋」上，前思後想了好幾個月，最終選擇了後者。

這個決定背後的原因有三，第一個是因為父親。我自小活在父蔭下，得天獨厚，但自從生母離世後，我明白要有出頭天，始終要靠自己。崇基學院是父親當權的地方，即使我靠自己的本事入讀生物系，在外人眼中，我仍會被視為靠父蔭才學有所成的「書生二代」，而在浸會書院，我甚麼都要靠自己。

第二個原因，是浸會書院當年重金禮聘中國著名鳥類學教授任國榮博士執教數理系，這對一心想到外國深造成為學者的我來說，這位名師比山明水秀的校園更吸引。雖然我當時未聽聞過任博士的大名，但父親卻知道他的威水史，當我從多方了解過他的背景之後，我漸漸地相信他會是個值得追隨，甚至是影

學及理工教育資助委員會資助，開辦資助學位課程，並於一九九四年獲立法局通過，正式升格為大學。

響我一生的老師。

至於第三個原因，則是出於現實的考慮。崇基學院雖然還未成為大學，但當年已有一定的學術地位和聲譽，人人趨之若鶩想爭一學位，這樣競爭一定很大，每個學生可得到的教學資源亦相應較少。反之，選讀浸會書院的人不多，競爭小得多，而且拿獎學金的機會亦大，對於想到外國升學的我來說，這尤其重要。

當年，跟我同樣選擇入讀浸會的培正同學，還有升讀土木工程系的盧恩成[3]。雖然同學間不少都覺得我們做了個不智的決定，而我亦難以逐一道明箇中考慮，但我深信自己的判斷。後來，我們都如願到美國升學，多年後學成回流，盧恩成成為了葵涌裘錦秋中學首任校長兼中國燭光教育基金創辦人，熱心教育，而我亦成為獨當一面的學者。事實證明，我們的決定是對的。

3 盧恩成當年入讀浸會書院土木工程系，在校期間創辦劇社，曾導演一部《西施》話劇，為浸會書院籌得十萬港元，以當時一餐午飯只需四毫錢的物價，這筆巨款足以資助浸會書院籌建善衡校園。

一九六〇年，浸會書院數理系頭兩屆同學，我在後排左五。

2.2

恩師任國榮

想當年，我慕任國榮老師之名，入讀第一年開辦的香港浸會書院。當年跟我一起選讀數理系的只五、六個同學，當中較多人選讀物理，選讀生物的只得我一個。當時，我有一份不知哪來的自信，深信自己會被任老師賞識。

任老師是廣東惠陽人，生於一九〇七年，即晚清政府將近倒台之時，童年他就讀惠州中學，一九二一年考入國立廣東高等師範學校（即國立中山大學的前身）的博物部[1]。其後隨學校升格大學而轉讀國立中山大學生物系，並獲頒首屆的理學士學位。畢業後，他留校做助教幾年，廿二歲時獲派到法國巴黎大學留學，主修生物學。

留法期間，任老師在中國西南苗瑤區採集了二十三種鳥類稀有標本，獲獎無數，其中一種更是首次被發現，於是他專注研究牠的習性，並寫成論文公諸於世。那種鳥在一九三二年被定名為「國榮鳥」，以表彰任老師的貢獻，學名則稱為「金額雀鶥」（Gold-fronted Fulvetta 或 *Alcippe variegaticeps*），並

1 民國初年，國立廣東高等師範學校所設的博物部，即大學的生物系。一九二四年，孫中山將廣東高等師範學校、廣東公立法政大學，以及廣東公立農業專門學校合併改組，成為「國立廣東大學」，兩年後易名「國立中山大學」。

記入《世界博物辭典》內。

一九三三年，任老師於巴黎大學獲頒科學博士學位，之後便返回中山大學生物系執教，先後做過生物系教授、師範學院博物系主任、理學院院長、大學部訓導長、教育部簡任督學，以及立法委員等要位，直至一九四九年，老師因戰亂來港定居，後來便加入浸會書院續執教鞭，讓我有幸拜他門下。

任老師在分類學上貢獻良多，而中學時的我，亦認為分類學是時下生物學研究的大勢，因此曾花過不少時間鑽研相關書籍，做過不少植物和鳥類標本。在浸會一開學，我二話不說便去求見任老師，表明我想追隨他，將來成為學者的心志。任老師是個惜才重才的人，不止答應收我為徒，跟他的對談交流更令我眼界大開。

年少時的我一腔熱血，死纏爛打般跟着任老師，一心想成為他的門生，有次我問他：「我想做學者，成為博士，往後的路應如何走？」他反問我為甚麼，我說原因很簡單，皆因我想出頭，而且我希望像家父一樣成為博士。他思索了一會，答道：「如果你能夠在研究上走在尖端，選擇最熱門的科目鑽研，成為先驅，就能盡得風氣之先，而在生物學上，分類學已過時，很多範疇已被探索，反而分子生物學才是大勢。」

任老師一言驚醒夢中人，於是我二話不說便去拜讀美國分子生物學先驅詹姆斯・杜威・華生（James Dewey Watson）的著作，了解分子生物學究竟是怎麼的一回事。從此我跳出了分類學的框框，認識到當時剛被發現的DNA雙螺旋結構，始知學術發展一日千里，若要成為學者，定必要與時並進。

在浸會書院，任老師只執教營養學（Nutrition）一科，內容甚有趣。猶記得他曾說過一個關於英國水手兼船醫的故事。那船醫發現船員很多都有壞血病，但船上的高層卻沒有，追查後發現原來一般船員三餐大多只吃麵包和醃肉，高層三餐卻有薯仔和生菜。於是，他提出了一個假設：新鮮蔬果可預防壞血病。後來，他從一艘荷蘭貨船買來一些橙和檸檬給船員吃，結果真的能治好患壞血病的船員，證實了假設成立。

任老師所講的故事，其實是維他命C的發現史，不算甚麼新奇的事，但從中教曉我一點，就是要成為出色學者，就要探索未知的學術領域，而靈感和方向往往源自生活中的小觀察。多年後我回到中大教書，所做的溶菌酶和大腸桿菌研究，正是受此啟發。

每次上完任老師的課，我都會留下與他談上兩、三小時，交流學術。俗語有云「好戲在後頭」，跟老師課餘暢談的那段時間才是戲肉，令我獲益良多。

在浸會匆匆四年，他除了為我點明了將來應走的大方向，亦成為了我的好朋友，給我信心之餘，也讓我發洩讀書的壓力，抒發憂愁。

任老師惜才愛才，花盡心力栽培我成才。當我學成返港後，心中亦有強烈的信念，想要繼承他作育英才之志，回報他對我的恩德。後來，我有幸加入中大新亞生物系，與他共事數年，而他亦一直為我的人生指點迷津，此恩此德我沒齒難忘。

不過，人生沒有完美，總帶點遺憾。任老師於一九七二年退休後，我一直有跟他聯絡，但後來因一件小誤會，令我們二人甚少往來，之後他舉家移居加拿大多倫多，彼此更是杳無音訊。直至一九八七年四月十五日，任老師以八十歲高齡仙逝，我心感悲痛之餘，心中對此事亦存有根刺。若有來生或天國，有幸再遇上老師，我定必再報答他的恩德。

恩師任國榮與師母對我的人生、事業，以至婚姻的影響甚深，這張合照攝於一九六八年，四年後任老師榮休。

2.3 麥氏博物館

翻查資料，首屆浸會書院一共收了一百五十三名學生，四年後，有六十六人畢業，我就是其中一個。浸會開初借用培正中學的課室辦學，一借便借了十年，直至校長林子豐博士榮休。因此，我的大專生涯跟中學生涯都在同一個地方度過，而在浸會讀書，壓力不算大，所以課餘我都會找節目消磨時間。

行山採標本就是我最大的娛樂，當時我身邊有一位喜歡行山的朋友，每逢周日，我都會跟他走遍港九新界的高山峭壁，如馬鞍山的吊手岩北脊、太平山的南坡，尋找蘭花的蹤影，用來製作標本。由於我太沉迷這嗜好，有時會留連忘返，記得有一次，我就因為採標本而趕不及入夜前回家，結果被父親罵了個一臉屁。

其實，我早在中學時已喜歡製作動植物標本，皆因當時的我以為生物學就是分類學，所以希望收集稀有品種的動植物標本，留名千古。這當然不是易事，我亦沒有發現甚麼稀世的品種，但過程中我卻學懂了徒手攀石。蘭花分為地生、附生和腐生三種，大多生長在有雲霧聚集、濕氣重的峭壁之上。我們會徒手攀上峭壁，摘下蘭花，回家後再用草紙包好，用報紙鋪底和蓋面將蘭花壓平，定期換紙，直至五、六日後，吸乾水分便成為乾花。

在尋找蘭花期間，我們經常會經過大小溪澗，在陰涼處常會看到羊齒植物。我每次都會順道採一些回家，用文件夾將葉壓平待乾，再釘在紙板上製成標本，粗略估計，為數也有六、七十款不同品種。

這製法是我從分類學的書籍中揣摩學成的，而在浸會書院的幾年間，我製作了近四十種蘭花標本。除了製標本，我還會做花農培植蘭花。若是石仙桃（*Pholidota chinensis*）等附生品種，我會將花莖綑在木棍上；若是舌喙蘭（Hemipilia）一類地生品種，我會用麻繩將花紮穩在一塊小平面上，將它的氣根放在表面，然後一日幾次定時定候噴水。

種蘭花跟製標本一樣，是門細緻繁瑣的工藝，能訓練耐性。當年我向學院的行政部申請，用大樓的天台種了八十盆蘭花和羊齒植物，即使放假或打風，我亦會專程回校澆水打理，終年無休。我還向學校申請購買一個木櫃，用來存放我製作的過百件蘭花和羊齒植物標本，放在大樓的樓梯轉角處，供其他同學觀賞，校方更會不時在圖書館舉行展覽，展出我的拙作。

這個小型的「麥氏蘭花博物館」，對當時只是學生的我來說，是一大鼓勵和肯定，亦曾成為同學間的一時佳話。任國榮老師對我的「另類」成就亦甚為欣喜，對我極為賞識。

作為任老師的愛徒、系內的尖子，我除了可以動用實驗室的技術員為我壓標本，平日出外採標本或做田野研究，我還可名正言順「開公數」。記得當年同學的試卷，老師亦留下評分方案，叫我幫他批改。這些「另類」待遇，是在浸會讀書時獨有的，至今想起，也依舊難忘。

一九五八年，在浸會書院的學生時代，已在培正H座天台，建立了一個蘭花和羊齒植物的王國。

2.4 出國・貝勒大學

想當年在浸會書院讀書，同學和老師都對我抱很大期望。除了任老師，執教有機化學的容啟紹老師亦很看重我。他教學時雖然只會依書直說，但從中我卻找到適合自己的讀書方法。我自問是個沒記性的人，所以讀書時我會先讀通課本的內容，消化箇中知識後，再做課後的練習鞏固所學，之後便用紙筆摘下要點，理順每個理論的箇中因果，製成「麥氏專用筆記」，方便日後重溫。這方法讓我在有機化學上打下良好的基礎，而直至現在，我仍有寫筆記摘下要點的習慣，令我一生受用。

在浸會四年，我曾取得三項獎學金，包括三年半的「徐福蘭留美交通費獎學金」及以時任校長命名、全校僅得一個名額的赴美全費「林子豐獎學金」，讓我不用花費分毫，便能升讀美國德克薩斯州韋科鎮的貝勒大學（Baylor University），攻讀生物系碩士課程。

由香港去貝勒大學要先由香港乘總統郵船，在船上漂泊兩星期，沿途停在日本橫濱和美國檀香山，最後到達舊金山（三藩市），上岸後再乘火車去德州，方能到達。當時是我人生第一次出外留學，心情自然難掩興奮，猶記得當年執拾行裝，我刻意帶上不少中文書籍隨行，以防在他鄉突然要引用中國資料時，也有數本傍身，當中包括現在已絕少人讀、由黃錫凌所撰的《粵音韻彙》。當然，在西方讀書，這些書籍最終沒有機會大派用場，更反而成為我的一大負累。如今想起，也覺好笑。

當時同行的還有一大班來自不同院校的香港學生，我們趁郵船在日本泊岸補給時，去了上野的動物園參觀。香港沒有大型動物園，而上野無論是動物園的設計、各種的珍禽異獸，以至是一草一木，對我來說都極新奇，令我大開眼界。

到外國求學，第一件令人興奮的事必然是住宿的生活。當時我被安排跟兩個當地白人學生，同住在約一百平方呎的宿舍內。他們都很健談，但對話之間夾雜了不少艱澀難懂的諺語，起初對我來說有一定難度。

不過，跟他們相處，我發現在那個年頭，美國白人普遍都有一份自大，而且對黑人存有歧視。記得一次，我走出校園到附近的一個黑人貧民窟逛了一圈，希望了解當地黑人的生活。在那裏我看見不少鐵皮屋，外面掛滿衣服，街上的黑人小朋友亦衣衫襤褸，但氣氛平靜，並不如黑人黑幫電影中的情節般刀光劍影，暴戾恣睢。

回到宿舍後，我將所見所聞跟宿友分享，結果反被他們「訓話」。在他們眼中，黑人猶如野獸，被扣上惡貫滿盈、非奸即盜的帽子，得知我隻身走訪黑人貧民窟，自然會認為是十分危險的事。我對宿友的種族歧視當然很不滿，但自覺憑一己之力，無法改變他們的成見，所以亦無謂爭拗，挑起口舌之爭。

除了那次探訪貧民窟，我平日很少會離開校園，就算是星期日放假，我最多只會到教會參加學校崇拜，事關當年我拿着獎學金赴美，學費以至平日三餐都由獎學金支付，我手上沒有甚麼閒錢可供娛樂，惟獨返教會和踢足球例外。當年，我參加了留學生組成的大學足球隊，專責守龍門。我之所以選這個崗位，是因為我反應夠快，而且門將是一個「有抄家無封誥」，輸波必賴你，贏波卻沒你份的「豬頭骨」崗位，很少人想做，變相沒人爭，所需的球技又不高，很易入選。不過，當時球隊的成員不多，所以很多時我都要做出迎龍門，走出禁區一起踢。

參加足球隊令我有幾次機會走出校園，到市中心參加球賽。幾個波友出城，踢完比賽，我就會到附近的博物館參觀，那裏有很多鳥類標本，比我當年在培正中學時自製的精緻生動得多。

一九六〇年，從林子豐校長手上領受浸會書院的留美獎學金。

2.5

跳槽打工·打工跳槽

貝勒大學是一間小型的教會學校，在學術上，水平跟當年的浸會書院差不多，而且實驗室的設備並不先進。雖然我讀的是碩士課程，但由於學生不多，所以很多學科都跟本科學生一起上堂，所學的亦跟浸會老師教的所差無幾。我用了半年時間，即一個學期，成績已超過大部分學生，手執幾個A，成為班內的尖子。

這對一心到美國求大學問的我來說，一點也不興奮，反而令我有點失望。正所謂良禽擇木而棲，我亦因此有另覓他校跳槽的打算。不過，我在貝勒大學有兩年的獎學金在手，生活費亦由獎學金支付，跳槽的話我就會失去獎學金的資助，要冒相當大的風險。

我為此寫信詢問恩師任國榮的意見，請他為我陳述利弊。他回信時表示支持我冒這個險，指我有「中上資質及無可比擬的毅力」，相信我有能力應對這個挑戰。與此同時，他跟容啟紹老師亦答應為我寫推薦信，助我申請入讀心儀的名校。

要成事，就要未雨綢繆，除了要爭取其他大學取錄，還得先解決學費和生活費的問題。當時，同樣在培正中學畢業的蔡子平[1]在紐約工作過一個暑假。我從他口中得知在唐人餐館工作的收入頗為可觀，而且他知道門路，於是我二話不說，就決定將自己在美國留學的第一個暑假，奉獻給紐約的唐人餐館。

我跟蔡子平和另一位大學同學一起出發，由德州駕車去紐約。他們兩個都有車牌，惟獨我沒有，所以兩日的車程，都由他們輪流駕車，而我則負責看地圖。

那時，我的表舅羅榮邦[2]正在美國加州大學戴維斯分校擔任歷史系教授。我抵達紐約後，他的女兒亦盡地主之誼，來接我到表舅家暫住。我跟他說要到當地的唐人餐館捧餐賺生活費，他只說了一句：「很辛苦的。」雖然之前我沒有任何工作經驗，對捧餐工作更毫無概念，但那刻我深信，別人做到的我也能做，但工作頭幾日，我已體會到表舅所言非虛。

那年頭，中國留學生大多都在唐人餐館的廚房工作，並按工種分為好幾個等級，最低級的是雜工，洗碗、清潔、切菜通通都要一腳踢；最高級的是做侍應，但要有工作經驗和別人推薦。蔡子平已做過一個暑假，有經驗兼有好門路，

1　翻查培正中學的畢業同學錄，蔡子平於一九五七年輝社畢業，及後赴美攻讀物理，畢業後回港執教，退休前位居香港浸會大學助理教務長及物理系教授。同屆培正畢業同學還有一九九八年諾貝爾物理學獎得主崔琦。

2　羅榮邦乃康有為二女康同璧跟北京大學外語系教授兼資深外交官羅昌的兒子，一九八一年因心臟病發逝世。他另有一妹，名為羅儀鳳。

所以第一日上班就做侍應。我卻是白紙一張，所以他叫我先到俗稱「薦人館」的職業介紹所登記，之後就坐在館內的長椅上「等運到」。若有工作，職員會先簡介內容，再問在座的人誰願意做。

我當時求「財」若渴，當然甚麼都願意做。結果第一日，我順利獲得一份雜工，上班地點是位於紐約皇后區森林小丘（Forest Hills）的一間簡陋唐餐館。我的工作很簡單，只需要將洋葱去皮。工作了八、九個小時，我粗略計剝了好幾百個洋葱，刺鼻的味道和大蒜素令我流下不少男兒淚。即使眼淚、鼻涕不停流，我也只能硬着頭皮，用毛巾包住面「頂硬上」，賺取每小時十多美元的人工。記得當晚回到家，眼水還在流，但我沒有放棄的念頭，既然決定了來紐約打工，就絕不言退。

雖不言退，但人卻可擇木而棲，所以第二日，我決定跳槽，再去薦人館找另一份工作。這次，我得到的是一份洗碗工，工作的地方也是一間簡陋的唐餐館。我站了一整天，一盤盤的碗碟夾雜着油膏厚膩和各式各樣的食物殘渣，以排山倒海之勢不停的送到我面前，手腳稍為慢一點，碗碟就會「打蛇餅」塞滿廚房。全間餐館的碗碟都由我一人包辦，所以我沒有喘息的機會，體力消耗雖大，屬苦差一件，但也比剝洋葱好，皆因餐館下午有落班時間，沒有客人，能讓我趁機小休。

做人總是要不斷求進，因此第三日我又跳槽，「升格」到一間中級西餐廳做雜工（Busboy）。雖然同樣是大打雜，但在西餐廳工作比在唐餐館舒服得多。我只需要負責清理客人用餐後的餐具，有時間便幫侍應擺刀叉。由於外國人一般都很懶，而餐廳又只得我一個中國人，相比下我便顯得分外落力。老闆見我肯做肯學，跟侍應同事又合作無間，很快便請我做長工，兼且晉升我做侍應。於是，我這個職場初哥，打了三日工便「得償所願」覓得一份不錯的工作。

在這間西餐廳，我做了十日，學懂了如何點餐落單，又學會跟廚子溝通的行內術語和方法。每逢周六、日，餐廳的人流很多，我整天在樓面、廚房兩邊走，幾乎沒時停，做到上氣不接下氣。好不容易放工回家，我二話不說軟癱在牀上，一隻腳還沒擱上牀，人便已倒頭睡着到天光。直至一晚，同學蔡子平捎來一個電話，說他也找到一份唐餐館「筍工」，打算過檔，想請我接替他當時的那份侍應工作。他有好「路數」，也不忘照顧我這個同學兼好友，另外他還託了一位同事指點我如何盡快上手，讓我站穩陣腳，實在難得。

這次過檔非常順利，我亦對這份工作頗滿意，於是便穩定了下來，做了兩個多月，並在位處紐約曼哈頓上城（Upper Manhattan）和哈萊姆區（Harlem）

交界的W135街，租了一間小劏房暫住。那裏除了鄰近哥倫比亞大學，附近還有很多著名的博物館。當時，我通常都會趁星期一或二休假，到中央公園西路（Central Park West）一帶的大都會藝術博物館（Metropolitan Museum of Art）和美國自然史博物館（American Museum of Natural History）參觀。鍾愛生物的我，當然也到過布朗克斯動物園（Bronx Zoo）和布魯克林植物園（Brooklyn Botanic Garden），一開眼界。

不過，若要數我最喜歡的博物館，就一定非美國自然史博物館莫屬。那裏的生物蠟像做得栩栩如生，能生動地捕捉鴨仔在水中暢泳、水獺咬着魚的飛撲神態，叫人印象深刻。

如今說起這段打拚的小歲月，不難想像在那個年頭，中國留學生人在他鄉，為求生活，大多都做這些低下的工作，但中國人天生肯捱肯搏又打不死，所以大家都騎牛搵馬，硬着頭皮去做，成功養活自己。那時我深知人在他鄉，搵食是如何的艱難，而美國黑人在上世紀備受歧視，背後或許有很多原因，但白人養尊處優，黑人只要肯捱，總能爬上社會上流，一吐烏氣。中國人就是靠咬緊牙關，活出幾代出色的人，我的曾祖父如是，我的父親亦如是。

一九六一年，攝於貝勒大學。

2.6 柏克萊歲月

在紐約工作了三個月，扣除平日的食宿開支，我成功省下了九百美元[1]，作為未來一年的大學生活費。與此同時，大學方面也傳來了好消息，位於美國西部的加州大學柏克萊分校（University of California, Berkeley），決定給我一份每年一百二十美元的學費獎學金，讓我升讀那裏的生物化學系博士。俗語雖有云「船到橋頭自然直」，但機會卻總是留給有準備的人，我能跳槽成功，除了有一部分靠運氣，最重要還是要懂得未雨綢繆。

於是乎，我在貝勒大學只讀了短短一年，便隻身離開德州到紐約，再用八十美元買內陸機票飛往加州，繼續我的學術路。我在那裏跟任國榮老師的兒子任鷹揚[2]、廖耀鏗，三人合租了一間套房同住，展開我們在加州節衣縮食的求學生涯。雖然我家境不差，而且有獎學金的資助，但我自入浸會書院讀書開始，除了學費之外，生活費我甚少要求父親支付，因此亦過慣了慳家的生活。記得當時我沒閒錢買恤衫，就穿舅父的，見不合身就惟有自己用針線改。到後

1 根據美國MyBudget360網站，一九六〇年，美國人的平均年薪為九千四百美元，即月薪約八百美元，而當時一間標準房屋的售價只需二萬三千四百五十美元。

2 任鷹揚當時在加州大學柏克萊分校修讀物理，其後於費城的賓夕凡尼亞大學（University of Pennsylvania）攻讀博士，畢業後在威廉瑪麗學院（College of William & Mary）出任助理教授，教授高能物理及原子核理論。

來我決定到外國讀書，那是我自己的決定，學費和生活費按理也應自決，不應父母操心。

難得任鷹揚和廖耀鏗這兩個好友跟我志同道合，組成慳家三人組。平日三餐，他們兩個會親自做大廚，煮早餐和晚餐，午餐則預先煮好，一式三份製成午餐盒。由於我們的住處就在大學附近的牛津街（Oxford Street），平日上學很方便，就連車費也省下了一大筆。不過即使平日省吃儉用，閒錢仍是不多。

加州大學是美國的州立大學，分校多達十間，其中位於舊金山的柏克萊分校是歷史最久遠的，早在一八六八年創校，除了在加州大學分校中排名第一，根據《泰晤士高等教育》於二〇一七年公佈的排名，柏克萊分校更在全球排第十位，是美國最佳的公立大學。不難想像，那裏的學生水平都很高，雲集來自世界各地的尖子。當年我在柏克萊分校讀博士，一班只有二十四人，而我更是全班唯一的華人，因此我需要學習的不止是世界頂尖的學術知識，還要適應外國的學術文化。

在柏克萊分校讀書，每個學期只需讀三、四科，但教授在堂上只會畫龍點睛，點到即止，很多時真正的學問都要靠課餘自修，這對於在華人社會求學多年的我來說，當然是很難適應。再加上同學個個都非省油的燈，跟他們一起上堂，就像跟一班「頂班馬」同場較勁一樣，稍有怠慢分分鐘跑輸整條街。因此，人在他鄉，馬死也要落地行，那段日子我每日都捧着教科書，一落堂便到圖書館，埋頭鑽進參考書裏去。

記得第一年首個學期，我修讀了有機化學和生物化學。有機化學涉及很多化學反應，變化多多，應用層面又廣，難以死記硬背，即使我花了九牛二虎之力去讀，最後竟只取了個C，令我大失所望。至於生物化學科，由於我在貝勒大學時已修讀過生物化學，所以這次再讀可以說是重修，按理應該輕鬆易讀得多。可是，上堂時教授總會突然派測驗卷，要學生在十分鐘內解答多條長短題目，內容都跟上一堂所學有關，一來要將學過的通通讀通讀熟，二來要眼明手快，疾筆狂書，無奈我往往不是不夠熟，就是寫得太慢做不完。這個十分鐘測驗成為了我的噩夢，每次上堂前一晚，我都會失眠，考試時更會緊張得手震，結果成績大跌，只取了一個B回來。

這一次失足對我來說，不止是一大打擊，更有可能帶來千古恨，令我第二年的學費獎學金化為烏有。於是，下學期我決定改變溫習的方法，當時我認識了一位臺灣大學畢業，到柏克萊分校讀博士後研究生的黃姓同學，我跟他組成了溫習二人組，經常互相出題考對方。他不在時我就繼續留守在圖書館內苦讀，很多時凌晨三、四時才回家。

柏克萊分校的西面就是舊金山灣（San Francisco Bay），對着連接舊金山北部和加州馬林縣的金門大橋（Golden Gate Bridge），每到深夜，冷冽的寒風就會自大橋那邊直吹過來，即使正值夏天，每晚我離開圖書館，也總覺寒風刺骨。當年，柏克萊分校的校園規模跟現時的中大校園差不多，而生物化學系就在大學本部的最東面，即是希臘劇場（The Greek Theatre）的對面。劇場的後山有一座原子能研究所，即現在的勞倫思科學館（Lawrence Hall of Science），那裏當年是學生禁地，附近是山鹿的棲息地。當我每晚凌晨經過山下的那條車路，就會看到成群的山鹿在吃草。我只需一個箭步，作勢一衝，山鹿就會即時鳥獸散，這玩意成為我在那段寒窗苦讀的日子中，唯一的發洩途徑。

整年的求學生涯，我幾乎足不出校，只得一次廖耀鏗偶有興致，提出駕車載我和任鷹揚去舊金山的市中心奧克蘭（Oakland），見識大城市的五光十色。那裏好比香港的旺角，人流如鯽，只不過我們這隊慳家三人組沒太多閒錢盡情享受，只花了點錢吃頓薄餅填肚便回程。可想而知，那一年我在柏克萊的生活有多苦悶。

俗語有云「百忍可以成金」，但日復日的刻苦生活，難免會令人壓力爆燈，記得當時室友廖耀鏗的書架上放了一套金庸的《射鵰英雄傳》，有時溫書溫得太累，我就會拿起第一冊，「容許」自己讀三頁，但往往卻忍不住讀了十頁，結果令我心裏滿感內疚。這明顯是壓力過大的表現，但我當時卻沒太在意。

結果有一次，我終於熬到病了，整日咳個不停要去看醫生。診所內有兩、三個醫生，病人卻只得我一個，於是他們都為我細心檢查，並發現我的扁桃腺上生了一粒良性的瘤，那粒瘤在我學成回港後就自動消失了。如今回想，也許跟我當時壓力過大有關。

一九六二年，跟恩師任國榮的兒子任鷹揚攝於牛頓街。

2.7 第二次轉校

我在加州大學柏克萊分校花了「洪荒之力」苦讀了半年，下學期一雪前恥，在生物化學科重奪了A，但總結首年兩個學期，我拿了一科A、一科C，其他的都拿了B。那個可恨的C成了老鼠屎，拖低了我的平均分，令我無法繼續取得獎學金。

我自問是個樂觀的人，在柏克萊分校這一年，我從沒怨自己力有不逮，只覺得我還未能找到適應這間學府的學習方法。正因如此，早在第一年上學期完結，我已萌生轉校的打算。今次是我第二次轉校，景況卻跟上次大不相同，當年轉校到柏克萊分校，是因為貝勒大學未能滿足我對學術的追求，而今次再轉，皆因想找間適合我的大學，讓我走出陰霾，化解早已令我透不過氣的壓力。之不過，想轉校，就要再次面對學費、生活費和物色學校的問題，這些事令我的心情跟上次一樣焦急。

原本，我以為轉校就會白白浪費第一年的光陰。不過，下學期我主動請纓，幫教授做了兩份資料搜集的研究工作，換來了兩個A之餘，還獲教授指點迷津，告知原來只需要加考一個口試，即使只讀了一年，也可獲頒碩士學位。那個口試涉獵很多知識，要求學生以生物化學的角度解釋不同的現象，曾考倒不少人，但經過兩個月自問自答的訓練，加上昔日跟黃同學相互問難的日子有功，我最終成功過關，順利取得生物化學碩士學位。

碩士學位拿穩了，之後便要破釜沉舟，四出找學校。可幸的是，柏克萊分校是間世界頂尖的學府，我身為那裏出產的碩士生，在外求轉校讀博士原來十分吃香，我將轉校信投出學海，以為會一去沒回頭，誰知竟有四間學府回信願意收我，當中包括在二〇一七年全球排名第二十五位的華盛頓大學（University of Washington）、俄勒岡大學（University of Oregon）、俄勒岡大學旗下的分子生物學研究所（Institute of Molecular Biology）等。

四間學府之中，我較屬意俄勒岡大學的分子生物學研究所，事關任國榮老師曾說分子生物學是當時的大潮流，難得有一間專門研究這方面的研究所，當然是非選不可。可是，要拿獎學金轉校難度大得多，必先要有封有力的介紹信。那年暑假，生物化學系加開了一科「微生物遺傳學」（Microbial genetics）的暑期課程，並由一位來自麻省理工的著名教授執教。我二話不說便報名入讀，每次上堂我都坐在第一排，一落堂便衝上前發問，這一招我早在入讀浸會書院跟隨任國榮教授時已用過，萬試萬靈，很快教授便對我刮目相看。

望穿秋水，有次教授終於開口問：「你這麼喜歡分子生物學，以後有何打算？」我當然不會放過，立即來一招「打蛇隨棍上」，指自己想轉到俄勒岡大學的分子生物學研究所，再加一句：「請問教授可否替我寫一封推薦信？」如此搏一搏，果真換來大好消息，當年分子生物學研究所有三位教授，原來都跟這位教授相熟，這封介紹信當然也是手到拿來，更令我成功取得當年全美國最好的三年 National Institute of Health 獎學金，簡直是因禍得福。

本以為已到窮途末路，誰知柳暗花明又一村，前路突然一片光明，我當然鬆了一口氣，心情大好，所以早前每次溫書都勒令自己只能看三頁的第一冊《射鵰英雄傳》，我就在那個暑假一口氣讀完。

2.8 俄勒岡・無心向學

我跟任鷹揚和廖耀鏗這個慳家鐵三角，一起住了一年便各散東西，任鷹揚轉到美國東部的費城賓夕凡尼亞大學（University of Pennsylvania）讀物理博士，廖耀鏗留守柏克萊分校繼續他的博士課程，而我則轉到俄勒岡大學的分子生物學研究所，主攻分子生物學。

研究所位於俄勒岡州的第二大城市尤金（Eugene），跟加州相鄰，所以我只需要先到市中心奧克蘭，乘 Greyhound 公司的穿梭大巴便可直達校園。俄勒岡大學的排名雖然不算很高，但附屬的分子生物學研究所水平卻比得上加州大學柏克萊分校，而且當時研究所內有著名遺傳學家史崔辛格（George Streisinger）[1] 教授執教，對於一向重老師名氣多於學府排名的我來說，絕對是趨之若鶩。

不過入學初期，曾發生過一段小插曲。事緣俄勒岡大學的生物化學系跟分子生物學研究所都有意取錄我，當時生物化學系系主任提出一個「民主」的爭

1 史崔辛格教授早年研究果蠅的胚胎發育，八十年代提出以跟人類基因有八成七相似的斑馬魚（Zebrafish）作為人類的臨牀病理學研究，更成功基因複製出全球第一條斑馬魚，因而聞名學界。

學生方法，就是要我分別替他和史崔辛格教授各做一個研究項目，完成後再讓我選擇究竟跟隨哪一個。最後，我當然沒被動搖，順理成章地成為史崔辛格教授的學生。

全靠當年在加州大學柏克萊分校的地獄式訓練，我無論是生物化學，抑或有機化學的根基都打得很好，雖然在一班馬賽事中未能跑出，但來到俄勒岡大學這個二班馬賽場卻是游刃有餘，所以第一年學習很輕鬆，考試過關斬將，在全無敵手下便輕易在各科全取A級成績。

學業毫無壓力之下，我於是將心思都放在運動之上，決心做個「無心向學」的博士生。早在貝勒大學的年代，我已是足球校隊的守門員，今次來到俄勒岡大學，當然也要故「技」重施。我幾乎每日都會在足球場出現，在龍門東撲西撲，亦繼續上演當年「出迎龍門」的本色，經常帶波衝出禁區，左穿右插。踢波踢累了，我便轉到乒乓球場，拿起球拍跟隊友日日較勁。風雨不改，日打夜打更打出名堂，甚至有人封我為俄勒岡大學的華人乒乓球十傑之一。

不過，我浸淫最長時間、球技最精湛的，其實是羽毛球。我早在培正中學讀書的年代已開始打，但羽毛球是華人社會的主流運動，當時在美國尚未普及，俄勒岡大學亦沒有羽毛球校隊。於是，我便「無中生有」，自己花錢買球拍和羽毛球，組織一隊約十人的羽毛球隊，並大搞訓練班招生，每星期練習兩次，又舉辦比賽讓隊員切磋球技。而我身為羽毛球隊的發起人兼主力，當然也沒失威，在一九六四年的校內羽毛球比賽中勇奪冠軍。

想當年在柏克萊分校，讀書多過見人，因此壓力爆煲，如今轉了個環境，就變成打波多過讀書，樂趣大得多，人亦變得開朗，每次想起，也確實叫人懷念。

一九六四年，於俄勒岡紅木森林宿營。

2.9

麥記大牌檔

在俄勒岡大學讀書，因無熟人跟我出外合租宿舍，所以我只能入住大學宿舍，跟一位中東的本科留學生同住。昔日我過慣慳家的刻苦生活，今次我拿到待遇非常優厚的 National Institute of Health 獎學金，學費全免之餘，每個月還有三百幾美元的生活費，因此可以正式告別節衣縮食的窮苦日子。

如今有閒錢在手，我先買了一架二手單車作為我平日的代步工具，之後我還買了一支長長的軟身魚竿和魚絲，跟王子暉[1]、劉佐端[2]三人組成「釣魚三俠」，到位於大學校園北面、全長三百〇一公里的威拉米特河（Willamette River）釣魚。那裏是大量鱒魚（Trout）的棲息地，品種繁多，包括常見的虹鱒（Rainbow Trout）和被國際自然保護聯盟列為次級保育類動物的公牛鱒（Bull Trout）。

鱒魚是一種在流水量高、含氧量充足的河域才出現的魚類，在香港不見其蹤，而且牠們都有共同的覓食習性，最喜歡逆流而上。當流水經過大石，就

1　王子暉教授於多倫多大學（University of Toronto）完成本科及博士課程，一九六三年於俄勒岡大學擔任研究助理，兩年後返回多倫多大學出任副教授，後來回流香港出任香港科技大學生物化學系教授。二〇〇三年，他跟麥繼強教授的得意門生徐立之教授，以及中文大學生物化學系的韋妙宜教授，在權威科學雜誌《自然》（*Nature*），共同發表有關簡稱「HapMap」的「人類基因組單體型圖」研究文章，協助破解人類疾病

會在大石前方位置形成一個水流較慢的安全區，而牠們就最喜歡蟄伏在這個地方，等待隨急流游到眼前的獵物經過，一看準時機就擺一擺尾，一躍而上將之吃掉。此外，鱒魚跟很多動物一樣，都信奉山頭主義，正所謂「大石」好遮蔭，所以體型較大的鱒魚往往會霸佔大石。

正因如此，我們會赤腳下水，逆流而上尋遍經過的每塊大石，一發現獵物就將三文魚籽掛在魚鈎上，隨水流放近大石，待牠一咬就發力向上一抽。這除了考眼力，還要熟悉河牀各大石的位置，才能每次都有收穫。

正所謂「辛苦搵來自在食」，釣來的鱒魚最好當然是拿來醫肚，來一味「豆豉蒸生鱒」。想當年，我每晚都會親自下廚，用自家買來的中國生鐵鑊，煮一味餸做宵夜，不過先要找一個有抽風設備、鋅盤和火爐的廚房下廚。當時我忽發奇想，在實驗室的咖啡室，拿一支本生燈（Bunsen Burner），上加一個三角鐵支架，旁邊放一個紙盒，入面放滿各式各樣的調味品，東拼西砌製成自家發明的麥氏土炮廚房，晚上煮一味醫肚，若有波友、釣魚發燒友或同學到訪，就拿來迎賓。

豆豉蒸生鱒之外，我還有幾道撚手小菜，例如「薑爆田雞」。田雞即是青蛙，在威拉米特河邊很常見，而且春天特別多。早在兒時，我已練得一身好功

如糖尿病、中風、癌症、心臟病、抑鬱症及哮喘等病的病因。

2 劉佐端博士生於一九三七年，中學畢業於香港華仁書院，其後在美國及加拿大求學，並取得生物化學系博士以及美國國家科學基金獎學金。取得博士後，他致力研究癌症細胞，曾在加拿大多倫多大學進行細胞研究，並獲頒美國安大略省癌症研究院院士。一九七五年，他返回家鄉汕頭，投資四百萬人民幣創辦農場，率先引入外國的珍稀蔬果品種作大量種植。

夫，活捉田雞這種講求眼明手快的玩意，自然亦難不倒我。只要將捉回來的田雞，用竹籤在牠後頸位置插進去，然後切件、去除內臟，再剝皮備用。之後，用鑊將油煮熱後加入薑片爆幾爆，加入田雞件兜幾兜再加調味，一道野味的「薑爆田雞」便大功告成。

另一味「油爆牛肉」同樣大獲好評。這是一道功夫菜，首先牛肉一定要選用新鮮的牛腩（Flank），貪它多肉又多汁，順着肉的紋理切成條，再横切一刀切成牛柳片，用生粉醃兩醃，之後用嫩油爆香。所謂嫩油，即剛剛煮熱的油。我會將牛柳片放入油隔，浸在嫩油中煮至剛剛熟，這樣煮勝在肉夠嫩而不韌，之不過用的油略多，但我會將剩油倒進杯內，等一會後，剛才煮牛肉時溢出的水分就會沉底，這時將油倒進另一個杯內就可簡單濾走水分，留待下次再用。

除此之外，當年我還喜歡自己包雲吞，雲吞皮是我在俄勒岡北面城市波特蘭（Portland）買回來的，之後加入剁碎了的豬肉和大肉蝦包成粒狀，再用上湯煮熟，就成為另一味「上湯細蓉」[3]，再加一味炒生菜或椰菜花，水準比唐餐館簡直有過之而無不及。

這幾味撚手小菜是當年「麥記大牌檔」的生招牌，就連我的論文指導老師史崔辛格教授，亦一試難忘。此外，每逢聖誕，學校宿舍便會暫時關閉兩個星

3 廣東人稱雲吞麵為「蓉」，出自唐代詩人白居易《長恨歌》中的「芙蓉如面柳如眉」，當時文人將「芙蓉」比喻為麵。廣東人會根據雲吞麵的分量，細分「細蓉」、「中蓉」和「大蓉」，其中「細蓉」指一個一両重的麵餅配四顆餛飩。

期，我和一班博士和博士研究生同學，一行十幾人合租宿舍一起住，大家輪流負責各人的伙食。每次輪到我下廚，一眾同學都會食指大動，而我則會先到河邊釣兩條新鮮的魚，再炒這幾味撚手小菜招呼大家。

想當年，我的一手好廚藝令我的實驗室多了不少訪客，不過有一樣東西比我的撚手小菜更受歡迎，就是我當年放在實驗室飼養的寵物響尾蛇（Rattlesnake）[4]。人人皆知，響尾蛇劇毒無比，被牠一咬便性命堪虞，我之所以會將牠視作寵物，事緣是有次相約一位博士後研究生一起去捉蝴蝶，我先用地拖棍，上加鐵線和網自製一個撲蝶網，再由他駕車到郊外，打算捉一些蝴蝶用來做標本。

豈料才出發沒多久，我的身後便傳來嘶嘶的刺耳聲音，身旁的同學即時大叫：「Freeze, rattlesnake!」我轉身一望，果然有一條足足一米長的暗黃色響尾蛇出現在我身後。需知道響尾蛇，顧名思義就是一種尾巴會發出聲響的蛇，牠的尾部末端有一串響環，搖動時便會互相磨擦，震動周遭的空氣，製造嘶嘶的聲音，用來警告敵人，如今牠明顯感覺被我冒犯，準備向我施襲。

不過，我當時並沒有拔腿就跑，反而極速將撲蝶網向下一揮，用網圈壓住蛇頭下方的位置，令牠即時動彈不得。之後，我就用繩綁住蛇口，並將蛇身纏

4 — 現時人類已發現的響尾蛇品種多達五十種，而大部分所帶的毒素，可破壞血液組織的功能，如侵蝕血液中的血小板，令血液無法凝固，引發嚴重內出血。

在木棍上，用繩綁穩後掛在背囊上，再帶回實驗室。

起初，我將牠放入用來裝實驗用天竺鼠（Guinea pig）的籠中暫養，誰知我在籠邊一橫起火柴，牠便二話不說即時將頭撞向籠邊，於是我就將牠搬到實驗室的大沙缸內，每星期放一隻天竺鼠入缸，牠一噬一咬，天竺鼠翻幾翻便斷氣，之後再一吞一吐，多大的獵物最終都變成一堆白骨。有時，牠更會表演蛻皮，成為好友登門飲酒閒聊時的餘興節目。

我的寵物大吃天竺鼠的表演，在朋友間一傳十，十傳百，很快便成為校園裏的一大盛事。不過，人怕出名豬怕肥，為免實驗室日日逼爆來「朝聖」的人，當時跟我一起捕捉響尾蛇的那位同學便提出將牠帶回家飼養。自此，實驗室才回復昔日的平靜。

一九六三年的「釣魚三俠」，從左起為王子暉、我、劉佐端。

2.10

寧為雞口

在俄勒岡過了一年無心向學的生活，第二年上學期，我還要應付三科，才開始我的大學論文研究。俗語有云「高處不勝寒」，由於第一年拿了全A的成績，到了第二年，我當然不能失威。為了守住全A的生招牌，反而令我有點壓力，於是我不得不再發力，誰不知我最後竟然拿到九十幾分的成績，拋離第二名近六十分。由於差距太大，結果大大拖低其他同學的成績，就連教授也無可奈何，令我反而有點過意不去。

不過，要取得博士學位，成績只是其次，最重要的還是要做研究，將成果寫成畢業論文。當時，分子生物學正處於萌芽階段，很多先導研究仍未被開展，因此我的研究選擇很多。我的論文指導老師史崔辛格教授是猶太籍的遺傳學專家，順理成章我的研究亦以找出生物遺傳背後的原則為大方向，而最後我選擇了研究 T4 噬菌體（Bacteriophage T4）。

簡單來說，T4 噬菌體是一種專以大腸桿菌為宿主的病毒（Virus）。跟其他病毒一樣，它的頭部（Capsid）由蛋白質組成，內含遺傳物質DNA或RNA，而當尾部（Tail core）接觸大腸桿菌後，便會收縮，將遺傳物質注入細菌內，再利用細菌內的營養，無限複製遺傳物質。遺傳物質亦會指示細菌製造噬菌體的蛋白質外殼，然後注入頭部形成新的T4噬菌體。

換言之，T4噬菌體是大腸桿菌的剋星，它的複製速度很驚人，入侵細菌二十五分鐘，便可複製多一百倍，而且它有能在生物體外極速複製遺傳物質的特性，因此非常適合用作遺傳學研究。當時，我提出一個假設：「若控制某基因表達（Gene expression）的基因在細胞內重複地增加，其基因表達的程度亦會加強。」並決定利用T4噬菌體進行研究作為印證，結果發現假設成立。由於已有一定的研究成果，所以我在第三年便開始撰寫畢業論文，每晚做到三更半夜，再定期交給史崔辛格教授批改。如此來來回回幾次後，論文便順利過關，而我亦終於得償所願，取得博士學位。

想當年，要取得博士學位動輒要花五年時間，我只用了三年便畢業，已算是一大奇蹟。而畢業後要在美國大學取得教席，就要先跟隨大學教授，做兩、三年博士後研究生（Post-doctoral fellow），之後才有資格爭取教席。不過，當我的恩師任國榮教授得知我取得博士學位後，便二話不說來信邀請我返港，加入他剛由浸會書院過檔的新亞書院生物系，出任講師。

雖然美國大學的學術環境和水平，比剛剛成立的新亞書院生物系好得多，但那個年代東方人在西方學術界很難出頭，升職機會很少，反而回流香港發展就容易得多，正所謂良禽擇木而棲，這千古的大道理亦可用一句「寧為雞口，無為牛後」以蔽之，相信當年跟我有同樣想法的亦大有人在。

一九六三年，與俄勒岡的中國同學攝於西海岸。

2.11

歐洲畢業之旅

早在兒時，我日盼夜盼，死讀爛讀，也只為取得博士學位，好讓自己能吐氣揚眉。苦讀十年，引頸以待，我終歸在三十歲時達成願望，這當然是一件令人無比振奮的事。就在回港之前的那個暑假，我忽發奇想，打算在回程之前，去一趟歐洲當作畢業旅行。

錢從何來？想當年我拿着徐福蘭留美交通費獎學金來美國讀書，早已包了我來回香港和美國的機票，所以回程費用不成問題，況且我入讀俄勒岡大學時，取得了一份待遇極之優厚的生活費獎學金，到學期尾我尚有六百多美元還未用，與其放在銀包光看不用，不如用來行萬里路，因此旅費便不成問題。

在起行之前，我先執拾好行裝，去了一趟舊金山，將留美多年的行裝先寄回香港，當中包括一大箱毫無用武之地的中文書。之後，我便順道回到加州大學柏克萊分校的生物化學系，探望昔日的同學和老師。當時同學仍在努力攻讀博士學位，惟獨我另闢蹊徑，快了近五年取得教席，老師和同學知道後當然報以欣喜和羨慕的眼光。我雖不是個愛好自我炫耀的人，但當時亦不免有點沾沾自喜。

之後，我在紐約的唐人街找到一間旅行社，那裏的職員向我推銷一個專為留學生而設的旅行套餐。行程每日包酒店和早餐，行程節目和途經的國家皆可自定，每日另送贈一至兩個免費的當地一日遊套票，讓你可盡覽當地的博物館和國家公園，費用只需五美元一日，唯一不包的是穿梭不同國家的火車費。我於是計劃了一個半月的行程，旅費只不過二百二十五美元，簡直是超值之選。

萬事俱備，我便隻身由紐約飛往倫敦，先到劍橋大學，探望當時正在那裏擔任訪問學人的數學家舅父陳永明。舅父是個學術狂，一生沉迷數學，當他得知我順利畢業兼取得教席，亦同樣欣喜。離開前，他叮囑我好好照顧外婆，之後我便正式開展漫長的歐旅大計，先到比利時，經荷蘭到丹麥，再經德國去法國、瑞士再去意大利，最後才由羅馬返港。

自小對博物館深感興趣的我，起初幾乎每日都參加免費團參觀各地的大小博物館，但去得多卻發現大同小異，久而久之便覺得沒甚驚喜，在梵蒂岡的博物館，更是除了名畫，也只得名畫，於是我便轉而放眼細賞每個地方的風土人情和建築。如在丹麥的哥本哈根長堤公園，我就一睹早在一九一三年已「安坐」

在海邊大岩石上的美人魚銅像（Den Lille Havfrue）。

在芸芸國家中，荷蘭水鄉的醉人景色，至今我仍歷歷在目，而在奧地利，有一種插上鴨毛製成的獨特帽子（Tyrolean hat），同樣令我一見難忘，可惜當時沒有買來留念。回港後多年，我用孔雀毛照辦煮碗自製了一頂，算是彌補當時的小小遺憾。

人的個性也許真的「三歲定八十」，出名慳家節儉的我，雖然有閒錢在手，整個行程我卻沒太多花費，平日三餐通常只買麵包醫肚，偶爾晚上才吃一頓當地流行的特色食品，少食多滋味。不過，當我一訪瑞士時，除了被那裏的宜人景色，以及甚具當地色彩的建築物所迷倒，街邊售賣的物品亦相當精緻，令我這個「孤寒鬼」也忍不住要大破慳囊。

當時我打算買一隻瑞士錶或是一件滑雪外套，當作自己的畢業禮物。若以保值的角度，瑞士錶當然是不二之選，但年少的我，當年卻被那件相當型格的滑雪外套吸引，花了數十美元買了回家。五十多年後的今日，那件外套仍好好保存在我家衣櫥內，成為我留學他鄉時的美好回憶。

一九六五年畢業旅行，在尼亞加拉瀑布看冰枝。

第三章

執馬鞭的教學歲月

3

3.1

回巢中大

一九六五年，我學成回流，入職新亞書院[1]生物系。我回港的第一件事，是去了看我在美國期間為新亞當時於農圃道校園設計的蘭花溫室。想當年我仍在美國留學，任國榮老師來信指有意在校園內建立一個小溫室，於是我自動請纓，憑自身的經驗設計了一張草圖，豈料任老師真的依圖而造。多年後學成回港，當然要第一時間去看看。

溫室的設計非常簡單，斗室內繞牆放滿一列列的櫃，下層種滿羊齒植物，上層則種了蘭花。這個「下羊齒，上蘭花」的佈局是出於羊齒植物需要潮濕的環境，而蘭花則需要良好的通風，而我亦請任老師安排人手，每日用高壓水為羊齒植物灑水兩次。日子有功，當我回來時，溫室內好說也種有三十多種羊齒植物和廿多種蘭花，算是頗有規模。五十多年後的今日，據指這溫室仍在現今的新亞中學中好好保存，對我來說也確是一件美事。

了卻這件小小的心事之後，我便開始着手準備執教鞭。在此之前，我先

1 新亞書院於一九六三年納入香港中文大學的創校學院，當時校址位於九龍農圃道六號，直至一九七三年，書院才遷入中大馬料水校園，原校址則改為創立一所非牟利的中文中學，即現今的新亞中學。

跟父親上了一堂課，學習如何準備教學筆記。那是我身為人子，第一次上他的課，從中可見父親是個非常有系統的人，所做的筆記章次分明、列點有序，而且每堂必備有教學重點。這一堂課對於我往後三十多年的執教生涯，確是頗有裨益。

當時新亞及崇基生物系尚未合併，崇基校園清幽美觀，而且教學資源、學生津貼和宿位都比新亞的多，因此當時新亞生物系的學生只有二十幾人，比崇基的少近十人。我初來甫到，任老師便向我言明這現況，又指新亞跟崇基生物系當時競爭激烈，他將我羅致新亞生物系門下，就是想我助他一臂之力，一振聲威。

當年父親在中大崇基學院執教經濟系，因學系的名望、資源都首屈一指，因此即使不同書院之間存在競爭，崇基經濟系仍擔當着「老大」的角色。正因如此，我當時回應任老師，指一個系要成功，必要有名望，而名望則建基於學系能培育的人才，一旦有了名望，學系便能獲取更多資源，愈加壯大。而所謂的人才，指的除了是教學團隊，還指經學系培養到外國升學的留學生數目。留學生之中最終能取得博士學位的人愈多，學系的口碑和地位自然亦愈高。

這一點任老師非常同意，而這正正是我以往所走的路。那個年代，生命科學的發展尖端全聚焦在分子生物學，這方面的研究機會很多，較易取得博士學位之餘，相關的獎學金亦不少，因此易出人才。於是，我便提出開立生物化學及分子生物這兩堂課，由我這個過來人執教。

如是者在一九六五年九月，我便開始正式授課。來上生物化學課的都是第三屆的四年級學生。由於生物化學正是分子生物學的基礎，凡是基礎，根柢就一定要打得好，將來學生到外國深造方能夠得心應手。因此，這堂課我的要求很高，每堂都會叫學生先熟讀教科書，並牢記當中提及的英文生字和有關的化合物結構。

為此，我更搬出當年我在加州大學柏克萊分校讀書時，令我叫苦連天的十分鐘測驗，平均一個月測驗一次，雖然每次學生知道測驗的「死期到」，個個都「呱呱」叫苦，但實情這測驗的難度比我在柏克萊時的低得多，事關我這樣做並非要嚇怕學生，而是想他們別偷懶、多用功，所以凡有努力讀過書的，多數都能合格。我這套教學法似乎頗為奏效，生物化學順理成章成為學生花上最多時間的學科，但亦正因如此，成為他們最跟得上、最有把握的學科。

在學生眼中，生物化學堂上的我毋疑是個嚴師，但在分子生物這課堂上，我卻是另一個人。事關我深明一個人要在學術上有成就，並不能一味靠催谷，而是要從中培養對學術的興趣。我若要培訓學生走分子生物學的路，這課堂自然要生動有趣，例如分子生物學講求生命現象的基本法則，當中有趣的故事很多，因此我就以這些故事拋磚引玉，引起學生的研究興趣。

基因學之父詹姆斯．華生（James Watson）和弗朗西斯．克里克（Francis Crick）發現脫氧核糖核酸（DNA）雙螺旋結構（Double helix）的來龍去脈，是其中一個我曾在課堂中提及的故事。他們跟英國分子生物學家莫里斯．威爾金斯（Maurice Wilkins），一同在一九六二年獲得諾貝爾生理學或醫學獎，揚名國際。

不過很多人都不知道，威爾金斯其實早在一九五三年年初已經在倫敦國王學院（King' s College London）的研究室內，讓華生和克里克看過由女性科學家羅莎琳．富蘭克林（Rosalind Franklin）所拍攝的 DNA 晶體繞射圖片「照片 51 號」，證明了 DNA 的雙螺旋結構。正當富蘭克林在努力將這發現寫成研究論文之時，卻被他們三人搶先發表，並因此獲得諾貝爾殊榮。事件曝光後，不少人批評他們「盜用」了富蘭克林的研究成果。最後華生亦公開表示，富蘭克林也應獲得諾貝爾獎，可惜其時富蘭克林已逝世五年，諾貝爾獎委員會亦按傳統，沒有追頒獎項給這位已故的女科學家[2]。

2 相關的故事亦曾見於不同書籍及學術網站，包括美國化學遺產基金會（Chemical Heritage Foundation）官方網站：https://goo.gl/dqGPRq。

不時在堂上說說這些故事，結果成功令這門課顯得有趣，跟生物化學課一剛一柔，互相配合調劑，令學生不至於壓力太大。有學生更笑指我經常「精神分裂」，一時是嚴師，一時則是生動的講古先生，但其實教學之法並沒有通書，只要用得其法，「精神分裂」一下又何妨？

不過，在嚴師和講古先生之間，我自問是個平易近人，對教學卻要求嚴謹的老師。每屆幾十個學生，我雖然記性不好，但亦堅持要多花時間認識他們，規定自己一定要能叫出每位學生的姓名。為此，我將每屆學生的大頭照，都貼在家中廁所門後，當我每次出恭的時候，就由頭到尾通通記誦一次。這另類方法非常奏效，但當然亦被同事和學生取笑了多年，成為經典的笑話。

一九六五年，返回新亞生物系出任講師。

3.2 冬季大露營

早在浸會書院求學時，我幾乎每個周末都會上山採標本，這剛好亦是任國榮老師的一大興趣，因此新亞書院才會建立蘭花和羊齒植物溫室。除此之外，任老師還在創立新亞書院生物系時，將到野外採標本變成系內的一個特色活動，並加入三日兩夜的露營元素，變成一個專在聖誕節舉行的「冬季大露營」。時至今日，這露營已變成中大生物系的一大「傳統」和年度盛事。

到我回新亞執教時，冬季大露營已舉行了好幾屆，搞得亦相當具規模。無論是一至三年級的學生一概要參與，每次舉辦都有近一百人參加，一行人在野外穿山過水，場面浩浩蕩蕩。三日的露營，地點多數選在烏蛟騰、西貢等山上，同學要分成幾組，各有不同的分工。其中一組要解決的問題，是團中近百人的飲食，因此他們要購買足夠一百人三日食用的食材上山，化身伙頭大將軍，輪流下廚煮「大鑊飯」。另有三組同學，一組負責帶營帳上山，物色有平地和水源的地方紮營，讓大隊晚上有個安身的安樂窩；一組負責在山上的平地挖幾個大洞，用幕布圍封，製成土炮公廁供團員方便；一組負責在晚上築起營火，供團員在晚上圍爐取暖、跳營火舞和聊天，深夜則派人駐守，保護團員安全。

安頓好食住的問題，一、二年級生便要分成幾組，按先前定好的研究目標，上山採標本做研究，回來後交給另一組同學處理。若是植物，便壓平後待乾製成標本，或用濕報紙包住根部帶回新亞種植；若是蜻蜓、蝴蝶、豆娘（Damselfly）等昆蟲，便一概放在自製的三角袋內，帶回校園養殖。同學的研究多數都跟動植物棲息地的生態（Habitat ecology）有關，如統計某山頭上的植物密度、品種分佈、出現的動物等，說來看似簡單，卻是個不錯的磨練。因當中涉獵了不少行山的知識和野外求生的技巧，而這恰巧正是我的強項。

記得有次我帶着一行五、六位學生沿峭峻的溪流邊踏石前進，盡頭卻是一處後無退路的絕壁，我於是從背囊拿出棉手套和長繩，帶同學遊繩而下，順利逃過一劫。這樣的行山訓練，除了讓學生學習野外求生，還可讓三屆的學生能互相結識、交流，從中培養合作精神，意義遠比躲在實驗室內重複前人做過的研究大得多。因此，我退休前幾乎每屆都出席，若無法參加，也必會趁星期天帶同學上山做野外考察，作為「補償」。

對我來說，冬季大露營還是一個大好機會，讓我好好認識學生，從中物色可重點培養到外國升學的人才，而露營團的營長往往是我重點觀察的目標，就如我的得意門生徐立之，以及之後所收的陸加祥、佘澤融、周敬泉、馮明釗等高徒，都做過冬營營長。

冬營的營長就像軍中的大將軍，歷屆都是由同學間互選出來的，在同學間有一定的「民望」。營長還要「抵得諗」，皆因營中事無大小他都要負責處理，包括托着兩個我們俗稱「大炸彈」的火水爐上山。這件「苦差」，徐立之就做了兩屆。此外，團友一旦闖禍，營長亦責無旁貸。猶記得馮明釗當營長那年，就因有同學誤偷村民所種的桔被當場抓到，馮明釗第一時間挺身而出，向村民連連賠不是，又向團友募捐，賠錢給村民，教我另眼相看。

還有一件事，令我印象深刻。有次某位同學向馮明釗提出要比試「武藝」，他跟這位貪玩的同學比劃了幾下，誰知同學卻來了幾下「真功夫」，將他的眼鏡抓跌弄壞了。面對這狼狽的場面，以為馮明釗會忍不住發火，但他竟然當作甚麼事都沒有發生，繼續處理他的工作。馮明釗小小年紀，懂得大局為重、小不忍則亂大謀的道理，這豈不是做領袖的人才？

由此可見，營長這崗位是件「豬頭骨」，吃力不討好，任何危險的事，營長都要身先士卒。記得周敬泉有次帶着我們自製的電魚機上山捉淡水魚，電魚機由發電機推動，用高電壓將水中的魚瞬間電至昏迷，再用膠袋盛水捉回實驗室，製成標本或飼養。不過過程中，周敬泉不慎跌了落水，被電魚機給電倒，場面好不驚險。

歷屆營長的表現，足可體現他們各自的領導才能、應變能力、處事胸襟和責任感，這些優良的特質，正是我物色升學人才的一大準則，而事實亦證明，他們多年後除了在學術界各有成就，還是不可多得的教育管理人才。

一九七五年，冬營的昆蟲採集隊各人手持蝴蝶網，由陳慶瑜及我兩位老師帶隊。

3.3

G96實驗室

我在新亞生物系執教的第二個學年，即一九六六至一九六七年，便開始建立教學示範實驗，配合教學上的需要。當時新亞的實驗室只有少量的恒溫箱（Incubator）、恒溫水槽（Water bath）和實驗工具，要從事簡單的微生物實驗，便要添置助教、基本儀器、玻璃器皿和消毒工具方能成事。恰巧當時中文大學正朝着成為一間正式大學的方向拓展，因此開始有資源和經費供學系申請，用作添置實驗室設備。碰巧新亞和崇基的生物系亦在同年開始合併，計劃搬到現今位於馬料水中大本部的科學館，即俗稱「飯煲蓋」旁的大樓。這麼一來，生物系便有了地方和經費，有望大肆擴展。

實驗室經費申請計劃一出，我們這班教授和老師自然是雀躍萬分，但大家對添置甚麼儀器、哪個型號、從哪裏採購卻是毫無頭緒。惟獨我早在俄勒岡大學旗下的分子生物學研究所讀博士時，已夢想他日有個屬於自己的實驗室，於是在學成返港之前，早就將該校實驗室內大小儀器的款式、牌子和型號都詳細列成清單，並偷偷帶了少量必須的菌株和化學品回港，萬想不到幾年後便大派用場。

我於是「獻上」這張清單，向大學的中央儀器管理委員會申請，購買離心機（Centrifuge）、光譜儀（Spectroscope）、光度計（Photometer）、滅菌釜（Autoclave）[1]等高級儀器，不久便通通順利獲批。除了儀器，化學藥品亦是實驗的必需品，大大話話最少也要好幾百種，當時我們主要依賴「友系」化學系供應藥品，以及向國際化學品供應商採購。我還提議學系購入大堆如移液管（Pipet）、培養皿（Petri dish）等常用的實驗器具。以上的籌備工作看似簡單，但需要完善的計劃和長時間的準備。到了七十年代末，中大生物系的實驗室已配備各種各樣的先進儀器，規模好比外國不少大學的實驗室，而在因緣際會下，我獲分配全幢科學館中面積最大的實驗室，令我求學時希望擁有專屬實驗室的夢想得以實現。

那個實驗室位於地下，編號「G96」[2]，面積約有九百平方呎，位置正好在我的辦公室旁邊，而且有門口互相打通。這個實驗室後來人才輩出，成為生物系舊生的集體回憶。我所收的第一位碩士生徐立之，便是第一代在實驗室內打滾的大師兄。他是個非常用功和勤力的學生，經常廢寢忘餐在實驗

1 即使事隔數十年，麥繼強教授對當年清單內的儀器名稱及品牌仍記得一清二楚，當中有 Sorvall Ultracentrifuge、Beckman L2 Ultracentrifuge、Beckman Spectrophotometer 等，是美國大學實驗室中常見的儀器。

2 G96 實驗室起初位於中文大學本部科學館的一樓，後來才搬到地下，採用門號 G96。

3 馮明釗教授於一九七八年中大生物系畢業，其後師從麥繼強教授攻讀碩士，兩年後畢業，並遠赴澳洲完成分子生物學博士學位。一九八六年，他加入美國德州貝勒醫學院（Baylor College of

室內做噬菌體實驗，每次一待就十七、八個小時，後來他索性在實驗室內鋪一張帆布牀「屈蛇」。到後來馮明釗[3]亦有樣學樣齊齊打地鋪。不過，沒多久校方便發現徐立之「屈蛇」，特此發通告禁止，並加強巡房，徐立之迫不得已便跟幾個同學在中大附近的赤泥坪，租了一間改裝過的豬屋同住，方便他隨時回實驗室。

雖然無法再「屈蛇」過夜，但閒時空堂學生仍會聚首一堂，在G96實驗室聊天打發時間，可想而知實驗室是他們的共享空間，亦是部分同學的另一個家。幾乎每個同學都會在這個實驗室內「蒲」足幾年，期間當然爆出不少笑話，同時亦造就過同學不少有趣的實驗。當年我實施的「自由大開放」政策，容許同學大膽拋出實驗建議，只要可行兼且學系的實驗經費應付得來，我都會舉腳支持。其中邵鵬柱[4]就曾提出了用「雞屎養紅蟲」，成為學生之間的經典實驗。

紅蟲即「紅筋蟲」，又稱「雞屎蟲」，是搖蚊的幼蟲，顧名思義是在雞屎堆中長大的蟲。當年邵鵬柱就用不同分量的水稀釋雞的糞便，並逐一標示濃度，放在培養皿中恒溫觀察，看看在哪個濃度下紅蟲的滋生繁殖率最高，從而得出在雞場的環境污染下，如何利用雞糞便這種廢棄物，培養有益生態的搖蚊[5]。

Medicine）出任病毒及流行病學研究助理，兩年後重返澳洲母校擔任研究員，一九九二年回流香港，加入中大生物系出任副教授，並於二〇〇二年升任為教授，主力研究分子免疫學、分子血液學及分子寄生蟲學，現已榮休，出任中大生物系客座教授。

4 邵鵬柱教授現為中文大學生命科學學院教授，一九八一年中大生物系畢業，兩年後完成研究院課程後到英國倫敦大學攻讀科學及技術博士，主力做遺傳工程及中藥成分研究。

5 搖蚊跟蚊子的體型和外表很相似，但沒有節肢類動物的刺吸式口器，因此不會吸食人血。搖蚊的幼蟲是監測水污染的絕佳標示

除此之外，邵鵬柱也做過一個中藥實驗，結果鬧出個「大頭佛」。當時，他為了採集中藥做實驗，便趁假日走到中大的中藥園，偷偷的爬上生物系一位教授所種的樹上摘中草藥。本以為神不知鬼不覺，誰知一上樹便撞見那位教授正在帶他的狗散步，結果邵鵬柱當然被當場捉住，而我身為他的老師，當然亦要向那位教授連連賠不是，而這件瘀事後來變成了笑話一則，在多年後畢業生為慶祝我八十大壽時舉辦的學術座談會中，由馮明釗再次提起，引來滿堂笑聲。

生物，亦是魚類的天然食糧。成蟲則可釋放海牀有機物中的氮和磷，亦會以沉積物中的有機物碎屑、藻類、細菌和水生動植物殘體作為食糧，有助改善水生環境。

一九七四年，在實驗室使用離心機。

3.4 領導之爭

新亞和崇基兩個生物系在一九六七年開始商討合併，到一九七二年中大科學館建成後才正式合二為一。兩系合併雖然是必經之路，但是個甚為艱鉅的任務，皆因兩系教職員少不免會有磨擦、意見不合，甚至是利益衝突，如何從中取得平衡是個天大的難題，而偏偏這個硬任務，當年卻正正落在我這個小伙子頭上。

一九七二年，任國榮老師榮休離開中文大學，應珠海書院的邀請，出任生物系教授兼教務長。此舉令新亞生物系頓時群龍無首，但眼見搬遷合併的事已迫在眉睫，同事於是推舉我出任新亞生物系的系主任，代表學系主導跟崇基新物系的合併安排。

當時，全幢科學館都供生物系使用，地方非常大，但房間和實驗室如何分配，卻未有定案，我於是主張新亞生物系先搬入這座新大樓，以享主場之利，好讓我思考如何分配辦公室和實驗室。既然是合併，兩系的地位理應相當，資源亦應平均分配，於是我化身「調解員」，不時跟新亞和崇基的教職員協商，有道理時講道理，沒道理可講時便抽籤決定，決定好便大家白紙黑字簽名作實，期間雖然成為眾人之間的磨心，而且每做一個決定也總會有人反對，但幸好大家最終還是和氣收場，找到大家滿意的方案。對於剛出身執教鞭不久的我來說，當年能硬着頭皮完成這個大任務，就連我也始料不及，因此如今每次想起仍舊津津樂道。

不過，學系領導間的鬥爭豈止在於學系資源的分配？當年每個教授都力爭人才，在芸芸學生中物色他們認為最有潛質的學生收為研究生，壯大自己在系內的「軟實力」，而我當年亦有一個收生名額。眾所周知，我將這個名額給了今時今日在學術界享負盛名的徐立之。

徐立之一九七二年生物系三級榮譽畢業，在別人眼中他是個名副其實的「籮底橙」，在學術上的表現毫不出色，惟獨我懂得欣賞他。早在他連續擔任兩屆冬營營長的時候，我已開始留意這個沒架子、勤力、領導能力高又從不計較的大師兄。縱使他只有三級榮譽畢業，但分子生物學一科卻是甲等成績。見他終日在G96實驗室埋頭苦幹，便足見他對這門學科的着迷。當時他亦跟我明言，即使家境窮困，仍希望拿獎學金到外國讀博士，在學術界闖一片天，無奈自知成績未達標，一切只欠一個機會。

一個人在學術上能否出人頭地，也許關鍵在於他對學術有多癡迷，以及願意付出多大的努力，天資的高低只屬其次。我於是大膽提出取錄徐立之，豈料即遭崇基的老師齊聲反對，指他的成績「未夠班」。回想剛剛入中大教書，我便向任國榮老師提出要積極栽培學生到外國升學，帶領有潛質的學生走我以往走過的路，算是將任老師作育英才的心延續下去。幾年後終於有機會收「徒弟」，又豈能失威，令徐立之失望呢？

我於是跟他約法三章：一是要拚命讀書；二是取得碩士學位後一定要到外國讀博士；三是拿到博士學位前不准結婚，好讓他專心求學。他二話不說便答應，我亦因此賭上我的眼光和名譽，力排眾議堅持取錄徐立之，並提出不會跟其他老師爭收其他學生做研究生以明志。好不容易建議才獲接納，徐立之亦因此成為我的第一個研究院學生。這個決定的意義重大，跟選老婆一樣重要，皆因揀錯了，我的生招牌便擦不亮，以後更遑論有學生願意跟隨我。

在研究院讀兩年，我專程請了一個助教跟進徐立之所做的實驗，確保實驗有成果，論文「有着落」。徐立之除了努力讀書，還一口氣寄了五十封信到外國大學，漁翁撒網下有三間願意取錄他，卻表明無法提供助學金。

正當他苦無辦法之際，剛好我的培正舊同學兼好友何弢的兄長何潛[1]由美國回港到中大演講。當年他是美國匹茲堡大學（Pittsburgh University）的分子生物學教授，若由他舉薦徐立之，徐立之的升學夢定能如願。

為保萬無一失，徐立之跟我兵分兩路。我親手寫了一封長長的推薦信，大讚徐立之研究主意多多、實戰力強，領導能力亦超班，並將這封信寄去美國匹茲堡大學。他則出席何潛的演講做座上客，就算聽不明白也踴躍發問搶眼球，趁機當面介紹自己，並因此從中得知匹茲堡大學分子生物學系一位助理教授，正在物色一位博士研究生，令我倆即時喜出望外。於是，我大打人情牌，趁何潛登門拜訪我父親之便，順道再為徐立之引見。何潛一見他便問他有沒有修讀有機化學，我沒思索便代他答「有」，事關我早在他打算留學美國前，已要求他一定要修讀這一科。見面過了關，我便託何潛再寫一封介紹信，向大學極力推薦我這位高徒，申請該校的全費留美獎學金。

皇天不負有心人，我們的內外夾擊果然奏效，徐立之最終如願拿獎學金到美國匹茲堡大學升學，令我放下心頭大石。而他師從的那位助理教授 Roger

1 何潛跟何弢皆是培正中學舊生，何弢跟麥繼強教授同年畢業，何潛則是一九五三年誠社畢業生，比何弢早三年畢業。

Hendrix 原來大有來頭，是我曾在分子生物課中提及的那位基因學之父詹姆斯・華生的閉門學生。如今回看，也算是一種緣分。

一九七九年，徐立之學成歸來，其後輾轉到美國和加拿大從事癌症和遺傳學研究，成功找出白人常見遺傳病「囊狀纖維症」（Cystic fibrosis）的致病基因，出人頭地，到後來更成為一校之長，總算沒令我跌眼鏡，也不至於在同事面前失威。

一九六九年，中大及港大合辦生物學展覽會，徐立之（左）及胡紹燊（右）負責介紹新亞生物系的蘭花攤位。

3.5 成家

在我的學生取得博士之前，我一概不准他們成家立室，好讓他們在沒有家室的包袱下，努力求學，而我當年求學，也是心無旁騖，兒女之情一概不敢多談。直至學成歸來，偶爾向恩師任國榮教授談起，我才遽然有一種想要成家立室的念頭。

古人先獨善其身，再齊家治國平天下，《論語．為政》也有云：「吾十有五，而志於學。三十而立，四十而不惑，五十而知天命，六十而耳順，七十而從心所欲，不逾矩。」而我在束髮之年，同樣立志於學，到三十歲取得博士學位，同時取得教席，有了穩定的收入可自立於世，理應也是時候談談齊家之事了。

任教授得知我欲成家的念頭，心中也甚是欣喜，於是在我還未正式加入新亞生物系之前，讓我以嘉賓的身份，跟他的一班學生去了一次大露營。就在那次大露營中，我在人海中瞥見愛華[1]的身影。

1　張愛華一九四一年生於潮州，其母是鄉間刺繡名媛，她亦遺傳了母親的藝術氣質，中學時就讀金文泰中學，在該校跟隨美術老師、水彩大師靳微天習畫，一九六五年於中大畢業後，從事教育工作，並在二〇〇〇年編寫《中國文化簡介》一書。

我比愛華大六年，一九六五年她剛畢業，取得植物學理科文憑。我還記得當時她跟兩位女生坐在舊式的木桿營前留影。她戴上一副有框眼鏡，外表斯文，衣着不俗套，一看便覺甚合眼緣，於是在任老師的穿針引線之下，讓我倆互相結識。

父親跟家母的經歷，深深地影響我對戀愛及婚姻的價值觀，家母與父親的性格大相逕庭，追求的婚姻生活和夫妻關係亦有重大的落差，以致其後父親有外遇。兒時親歷這一切，猶如一件反面教材，待我日後處理兩性關係時，亦特別着緊，甚至有點拿不定主意。

忐忑之際，我拿出一張白紙，左右分別寫上優、劣二字，為愛華做了個小盤點。我將「斯文」、「有藝術氣質」、「有學歷」等都寫在優點之列，而令我最欣賞她的，是她那份隨和、溫順、樂於做聆聽者的特質，皆因我是個好勝且別具主見的人，愛華與我的性格正好像一陰一陽，能互相磨合，一起相處，應能避免很多不必要的衝突。

在愛華身上，優點比缺點多很多，跟她相處日久，我亦愈能發掘她的優點。在我倆交往期間，我把我日常會做的事，都跟她一起嘗了一遍。我們一起登山採標本，即使愛華外表柔弱，腳骨力卻不比男生遜色，而且她跟我一樣都有生物學的背景，傾談甚是投緣。結果，我倆交往一年多後便結婚，婚後的日子，愛華跟我一樣甚是慳家，絕不奢華消費，而且我倆鮮有爭拗，能娶她為妻，可算是我人生的一大福氣。

愛華不止溫文爾雅，藝術根柢亦很濃厚，七十年代起便師隨嶺南畫派大師楊善深[2]學國畫，筆下的花鳥蟲魚栩栩如生。一九七六年，她隨我到美國長島（Long Island）的國立研究所做研究，便在紐約開了個畫展，作品口碑甚佳，亦有不少同好之人洽購收藏。回港後，她加入「春風畫會」，作品在香港、加拿大、台灣、廣州等地偶有展出，個人亦出過不少畫集，而我當然是她的頭號忠實支持者。

一九六八年，我們的大女兒令琴出生，四年後，二女令珊亦來到麥氏的小家庭。談到育兒之道，我自問心得不多，大多受自身的經歷影響，所以自小我便教育兩個女兒，要有想出頭的拚勁和鬥心，同時我亦將她們當成男孩子般撫養，教她們自立，同時盡量為她們的前途鋪好一條康莊大道。

在中大執教，每次外訪我都定必舉家前往，讓兩個女兒接觸外國文化和教育，學好英語，親近大自然。在我的鞭策之下，如今兩個女兒都獨當一面，大女令琴跟我一樣就讀培正中學，一九九三年在台北醫學院畢業，矢志成為

2　楊善深（一九一三至二〇〇四年），字柳齋，與趙少昂、關山月、黎雄才齊名為當代嶺南畫派大師，一九三〇年由廣東台山移居香港後，於一九三三年師隨「嶺南三傑」之一高劍父習畫。二戰香港淪陷期間，跟高劍父及馮康侯在澳門成立「協社畫會」，一九七〇年再在港成立「春風畫會」。

一九六七年，在冬營中瞥見愛華（右）的身影，後來我將此相給父親過目，表明有意追求愛華，當時父親大讚她外表有福氣且雙目有神。

眼科醫生，之後還遠赴美國馬利蘭州的約翰．霍普金斯大學（John Hopkins University），取得公共衛生研究所碩士，如今在台灣亞東紀念醫院執業，是專治乾眼症和從事準分子雷射屈光手術（Photo refractive keratectomy）的名醫。脫下醫生袍，令琴還是台灣著名的飛行傘運動好手，早年還當選台灣的航空運動聯盟副會長，曾創下飛越敦煌鳴沙山月牙泉天空的紀錄，在當地亦薄有名氣，算是麥家之光。

至於次女令珊，自小成績便名列前茅，同時遺傳了高祖父康有為，以及曾祖母康同薇過目不忘的非凡記憶力，中學在拔萃女書院接受教育，一九九〇年初到美國老牌大學印第安納大學（Indiana University）讀書。讀了一年，她便用長途電話打給我報喜，指她考獲全A的成績。多年後，她憶述此事，指我當時得知這佳訊後笑了笑說：「考全A是好，但如每年都考全A，那豈不更好？」她笑指我這一句，大大加重了她往後幾年大學生涯的壓力和負擔。

幸好，令珊天資聰穎，一九九四年便獲得印第安納大學商學院的「Samuel Gerald Albert Memorial Scholarship」獎學金，並以優異的成績畢業。令珊畢業後投身律師行業，仕途一帆風順，如今已是美國名牌律師行海博律師事務所（Haynes and. Boone, LLP）駐上海的首席代表及管理合夥人，是跨境兼併收購、證券和私募基金投資方面的專家。

在令珊眼中，我這個父親就像武俠小說大師金庸筆下《射鵰英雄傳》中的主角郭靖一樣，個性正直倔強，有股死牛般的幹勁，而且甚有主見，所以自小我這個父親說一，她們兩姊妹總不會說二。如今回想，令珊說得也不無道理。

不過，姑勿論如何，我對於能培育她們成才，沒重蹈父母的覆轍，能跟愛華一起共締和諧美好的家庭，我已無憾亦十分感恩，唯一美中不足的是，仍未能看見兩位寶貝女兒成家立室，覓得可終身託付的伴侶。

一家四口合照於中大新亞書院。

3.6 博士方程式

當我成功保送第一個得意門生徐立之到外國讀博士之後，投奔我門下的學生便愈來愈多。另外在一九七二年加入中大生物系研究院的，除了有徐立之，還有汪大建[1]。他在一九七四年畢業，之後取得德國DAAD獎學金，升讀斯特拉斯堡大學（Strasbourg University）生物化學系，並在一九七八年取得博士學位。

在一九七四年，我還收了翟建富[2]在中大讀哲學碩士，他兩年後畢業，先在英國工作，之後先後負笈英國倫敦大學的女皇學院（Queen Mary University of London）及東英格利亞大學（University of East Anglia）深造，分別取得食品及管理學碩士和分子生物學博士。他畢業後隨即獲聘在劍橋大學生物化學系做博士後研究生，一九八七年轉赴台灣陽明醫學院任教（陽明大學前身）。

一九七六年，我在休假到美國做外訪學者之前，還收了陸加祥[3]讀哲學

1 汪大建博士於一九六七年培正中學恒社畢業，一九七二年，在中大崇基生物系畢業後繼續升學，兩年後取得生物化學哲學碩士，曾在聯合書院生物系擔任助教。一九八七年，美國貝康公司（Baekon）利用他發明的電誘導基因轉移方法，成功製造出專門用於基因轉移和細胞融合的設備。

2 入讀中文大學生物系前，翟建富教授先於一九七二年在台灣大學動物系取得學士學位。一九八七年

碩士。他兩年後畢業，即獲全額獎學金，遠赴美國威斯康辛大學麥迪遜分校（University of Wisconsin-Madison）的 McArdle Laboratory for Cancer Research 攻讀博士，師承提出「合成生物學」（Synthetic biology）的波蘭遺傳學家斯吉巴爾斯基教授（Waclaw Szybalski）。陸加祥在一九八三年取得博士後，便在加州的 Genelabs Technologies Inc. 工作。

緊隨陸加祥的，是一九七八年中大生物系一級榮譽畢業的冬營營長馮明釗。馮明釗在一九八〇年哲學碩士畢業時，即取得英聯邦獎學金（Commonwealth Scholarship），到澳洲國立大學（Australian National University）讀博士，並於五年後取得博士學位。馮明釗畢業時，我緊接收了另一位冬營營長周敬泉[4]讀哲學碩士，他兩年後畢業，亦順利取得英聯邦獎學金，在我的老友王子暉任教的多倫多大學（University of Toronto）生物化學系讀博士，一九八九年學成畢業。

在一九八一年，我一口氣收了兩個學生讀哲學碩士，其中一位是一級榮譽的冬營營長余澤融[5]。他緊隨周敬泉在一九八三年取得英聯邦獎學金，到英國牛津大學三一學院（Trinity College），拜諾貝爾獎得主兼抗體化學結構專家羅伯特博士（Rodney Robert Porter）門下，攻讀博士。一九八七年畢業後，

加入台灣陽明醫學院生化研究所擔任副教授，一九九四年升任陽明大學生化暨分子生物研究所教授。後來加入台灣馬偕醫學院出任教授、研發長，以及生物醫學研究所所長。

3 陸加祥博士一九七六年入讀中大生物系，一九八三年博士畢業後加入美國加州的 Genelabs Technologies Inc.，主力研究愛滋病毒，並於一九九四年跟兩名學者共同取得能簡易量化人體 HIV 病毒的相關專利。

4 周敬泉教授回流後加入香港科技大學出任生物化學系助理教授，二〇〇一年獲選為科大「十大傑出講師」之一。八十年代，他牽頭編製生物系系會特刊《翰頌》，刊出中大生物系

他再投身另一位諾貝爾獎得主色薩．米爾斯坦博士（César Milstein）門下，在英國劍橋的分子生物學實驗室（MRC Laboratory of Molecular Biology）做博士後研究生。

另一位學生則是發表「雞糞養紅蟲」獨立研究的邵鵬柱，他也是一級榮譽畢業生和冬營科研組組長。一九八三年畢業後，他取得裘槎基金會獎學金（Croucher Foundation Scholarship）在英國倫敦的帝國學院（Imperial College），跟隨英國名生物化學家赫特利教授（Brian Selby Hartley FRS）攻讀博士，並在一九八七年畢業。

在一九八二年，我又收了胡麗珠讀哲學碩士。她是我第一個收的女碩士生。跟邵鵬柱一樣，她亦是本科一級榮譽畢業生及冬營學術組組長，而且都取得裘槎基金會獎學金。一九八七年，她順利在英國牛津大學取得博士。

屈指一算，我在一九七四至八二年這八年間，從無間斷地收了這八個出色的學生讀哲學碩士，而且每年都有學生取得全費獎學金到海外升讀博士，久而久之便成為了我名下學生的傳統。工多藝熟之下，我甚至悟出一條讓華人學生取得全費獎學金到美國升學的方程式，並且照辦煮碗地成功施行了幾十年，成功培育過百名博士生。對我來說，這可算是人生的一大成就。

校友的通訊方法和近況。

5 余澤融教授一九八七年取得博士後，在分子生物學實驗室工作一年多，之後加入俄亥俄州立大學（The Ohio State University），以及美國全國兒童醫院研究所（Research Institute at Nationwide Children's Hospital），分別出任助理教授及首席研究員，一九九六年升任為教授，兼教兒科學及分子病毒、免疫及醫學遺傳學。

這條方程式很簡單，首先要在一年級時在芸芸新生中「揀蟀」，重點栽培，方法當然是透過上堂時觀察，而每每我所選中的，都是有潛質拿到一級榮譽的頂尖學生。旁人或以為是我獨具慧眼，但頂尖學生都有一種與別不同的上進心和熱誠，作為他們的老師，其實不難洞察得到。

從以上學生的例子，不難發現他們大多都做過冬營營長或組長，這也是我揀蟀的一大條件，事關我深信一個出色的學者，好應該同樣是個出色的領袖，這樣才能在學術界有所作為。此外，這些出色學生，我往往二話不說便會招攬他們加入我的 G96 實驗室，指導他們在一年級暑假開始做些微生物小實驗，再由師兄一代傳一代，教他們如何撰寫實驗報告。

做實驗和寫報告這一點美國不少大學都極之看重，有實驗室的實戰經驗，學生不用教授指點便能立即開工做實驗，如此慳水又慳力，當然是外國教授的首選。之不過，縱是天才也要有人認識才行，而且我的學生大多出身基層，無法支付高昂的外國學費，所以我的角色便顯得尤其重要。我會為學生都寫一封介紹信，或找其他教授朋友寫推薦信，為他們申請全費獎學金和博士學位。正因為我名下高徒輩出，久而久之我寫的介紹信在外國學界亦愈來愈有分量。

除了要有好成績，我還教學生要知己知彼，不要浪費彈藥，自知成績和天資不在世界頂尖之列的，與其報考美國頭二十間名校，不如報考排名五十大以內的，增加勝算。

有了天時地利人和配合，最後便要靠學生自己努力，拚老命去讀書，GPA成績最少要達三點五分以上，取得一級或二級甲等榮譽，平日上堂亦要勇於發問爭取好表現。做齊以上幾點，往往便離成功不遠。而說到勤力，又令我想起一九九三年我所收的碩士學生詹肇泰[6]，他是我的關門弟子[7]。當年他跟我一起做細菌降解污染物的實驗，作為他的碩士論文題目，結果學期尾他交了一份長達五百頁的論文，令我印象尤深。跟對待徐立之一樣，我亦要求其他學生都許下承諾，取得博士前不可結婚，免得要憂柴憂米而失掉求學問的動力，這在我執教幾十年來，未有一位學生破例。

萬事俱備，其次便要學懂如何自理，事關在美國生活成本高昂，剪髮費用尤其昂貴，所以我除了建議學生仿效我當年，趁暑假捧餐賺外快，還叫他們趁在中大求學期間，學會自己剪髮，省下一大筆。正因如此，我在G96實驗室中，放了一把理髮剪和一面鏡，愛徒徐立之是我第一個重點培育的學生，凡事都身先士卒，學理髮他亦是芸芸學生中第一個和應的，而他的一眾師弟，自自然然亦成為了這位大師兄的實習對象。

6 詹肇泰博士在中大生物系哲學碩士畢業後曾在同系擔任助教，其後轉到科大攻讀生物系博士，主力研究紅潮消退背後的生物機理，後來遠赴美國費城做博士後研究生。回流後，他加入漁農自然護理署，投身雀鳥保育工作，二〇〇四年創立鳳園蝴蝶保育區，並出任多個民間雀鳥保育機構的顧問。

7 麥繼強教授於二〇〇四至〇七年回巢中大出任兼職講師，期間還收了兩位學生，文中的關門弟子指的是麥教授在一九六五至九五年，於中大出任正職教授時所收的最後一位碩士學生。

凡事都有個過程，學剪髮當然亦如是，所以頭幾個「白老鼠」在徐立之小試牛刀之下，髮型波濤起伏，自成一格，當然見不得人，但日子有功，他竟漸漸自學成家，還出了名，令我的 G96 實驗室，在深夜時分便搖身變成一間免費理髮店。多年後，我的 G96 實驗室搬到科學館一樓的 193 室，我仍將那把別具意義的理髮剪放在抽屜內。

這條培育博士生的方程式我用了足足三十年仍樂此不疲，究其原因是我希望繼承恩師任國榮的教育大業。我的中大生涯由加入新亞書院開始，其創校宗旨正是致力承續中國傳統文化，將之與現代學術結合，教育學生不忘本的道理，而說到中國傳統文化中的教育一環，我認為最重要的就是師徒關係。

師徒關係是讓中國的知識和文化一脈相傳的關鍵，是中華八千年文化中重要的制度和力量，跟西方較開放自由的教育制度大相逕庭，卻各有可取之處。在外國，名教授追求的是研究成就，而中國就有句「名師出高徒」，培育高徒彷彿是中國學者的一種使命。以我作例，任老師所教我的一套，並不只局限於學術方面，還涉獵了升學、做人、社會生存技巧、生活智慧、謀事升遷、婚姻育兒之法等，範圍是全面的，而且像父親一樣，影響着我的一生。

正因如此，栽培學生於我就如栽種一盆特別的蘭花，只要我悉心的去呵護照顧，就會開出極艷麗的花朵，所帶來的滿足感非他人能喻。在二〇一四年二月十五日的一次G96實驗室舊生春茗聚會上，我以往所栽培的其中廿多位學生聚首一堂，當日的統籌陳偉傑[8]在聚會上做了一個令我甚為驚喜的舉動，拿出了我多年前寫給王光國[9]的一封信。

想當年王光國在我的G96實驗室做病毒實驗時，我已看出他跟大師兄徐立之一樣對學術極度癡迷。當時我跟自己說，只要他考到二級榮譽的成績，我便收他做研究生。一九八四年他畢業，我當時正在英國倫敦的帝國學院做訪問學人，期間收到他來信指考試失手，只考到三級榮譽，原本計劃好的學術路頓成泡影。我明白這對他來說是天大的打擊，於是回信鼓勵他，考試失手雖是恥辱，但我以徐立之和自己作例，告訴他只要最後取得博士學位，當年的三級榮譽便算不了甚麼，而我對他更是滿有信心。

這封信只用了一點時間寫，對王光國的影響卻極之深遠。他保存了這封信足足三十年，到二〇一四年才重見天日。我在信中寫道：「至於人生波折，那是常事，要經得起風浪才能出頭。」而他終歸也沒有令我大跌眼鏡，憑一己的努力順利升學，最後成功取得博士學位，更加入中大生物系成為教師，在學術研究方面亦頗有成就，算是繼大師兄徐立之之後，另一位取得三級榮譽卻有傑

8　陳偉傑博士一九八二年中大生物系畢業後，隨即到美國貝勒醫學院深造，並在一九八七年取得博士學位。兩年後再到美國哥倫比亞大學攻讀法律，一九九二年畢業後在美國紐約執業，主力協助科學家和發明家取得知識產權保護，現為當地陳偉傑律師事務所的合夥人。

9　王光國教授一九八四年中大生物系畢業，一九八七年在原校取得哲學碩士學位，一九九〇年再在中大取得生物哲學博士，現為美國德州大學（University of Texas）安德森癌症中心（MD Anderson Cancer Centre）教授。

出表現的成功例子。

我一直深信，學生有傑出成就，亦是我的成就，我的內子愛華亦經常笑我對學生如子女一樣，付出的關懷有時比對待自己的親生女兒還有過之。而說到底，我窮半生去做的這件事，至今仍教我津津樂道，亦是滋養我一生的養分。

有人曾問我，我培育博士的方程式如今還管不管用，我的答案是「不」，畢竟時代已不同了，新一代的出路和理想都跟上一代不同，今時今日已經很難找到對追求科學抱有莫大熱情的學生，沒有這股熱情和拚勁，試問有我的推薦信又如何呢？

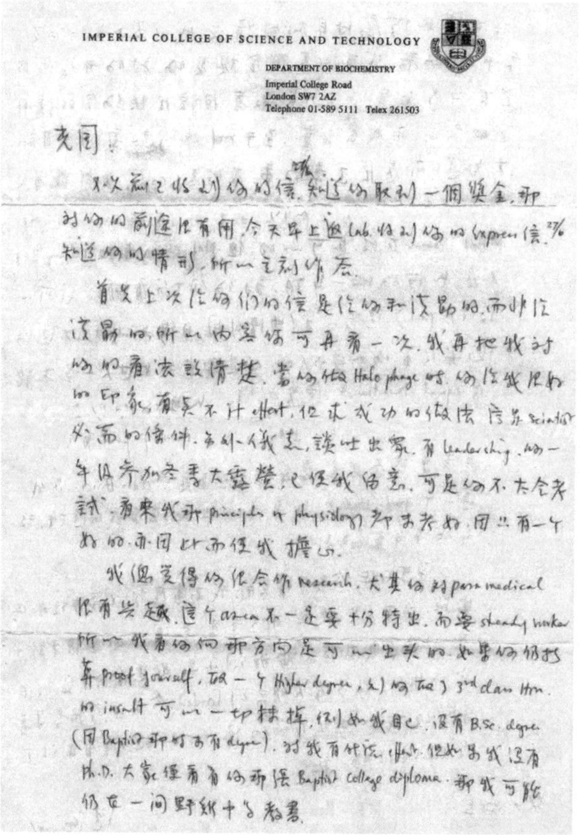
IMPERIAL COLLEGE OF SCIENCE AND TECHNOLOGY

DEPARTMENT OF BIOCHEMISTRY
Imperial College Road
London SW7 2AZ
Telephone 01-589 5111 Telex 261503

克國：

很久前已收到你的信，知道你取到一個獎金，那對你的前途很有用。今天早上返lab.收到你的express信，知道你的情形，所以立刻作答。

首先上次給你們的信是給你和汶彪的，而非給汶彪的，所以內容你可再看一次。我再把我對你的看法說清楚。當你做Halo phage時，你給我很好的印象，有些不計effort，但求成功的做法，這是scientist必需的條件。另外你很熱心，談吐出眾，有leadership。你一年級參加冬季大露營，已使我留意。可是你不太會考試，看來我講principles in physiology都不太好，因此有一個好的和一個比而使我擔心。

我總覺得你很會做research，尤其你對para medical很有興趣。這個area不一定要十分特出，而要steady worker，所以我看你向那方向是可以出頭的。如果你仍打算prove yourself，攻一個Higher degree，是對於3rd class Hon.的insult可以一切抹掉。例如我自己，沒有B.Sc. degree（因Baptist那時未有degree），對我有什麼effect。但如果我沒有Ph.D.，大家祇看到你那張Baptist College diploma，那我可能仍在一間野雞中學教書。

這封於一九八四年寫給愛徒王光國的親筆信，三十年後王光國仍完好保存，珍而重之。

3.7 大腸桿菌研究

為了讓我的學生都有做實驗的臨場實戰經驗，增加他們獲外國大學取錄的機會，我往往會安排他們趁暑假做些微生物實驗，當中有三個實驗題目最常做，分別是以大腸桿菌（Escherichia Coli）的濃度作為指標量度水被糞便污染的程度、在中藥中找出能殺病毒的因子濃度，以及測試殺病毒因子的濃度作為量度中藥純化程度的指標。這三個題目勝在容易取樣，步驟亦簡單，因此很容易就能有正面的實驗結果，讓學生寫成報告發表。

當中有關大腸桿菌濃度的研究，我帶領學生做了很多年，而且經常召開記者會發表報告。由於頻頻見報，當時市民因此大大提高了對水污染問題的關注。而這實驗其實始於一九七三年，當時學生溫石麟[1]想做有關環保的實驗，於是我提議，香港的水污染問題嚴重，大可在這方面下點工夫，我們就這樣開展了這方面的研究。

那個年代，香港環境保護組[2]處理污水的方法很落後，只是不停稀釋污水，

1 環保專家溫石麟博士一九七六年在中大生物系畢業，之後在一九七九至八六年出任本地環保團體長春社主席，期間發起反對興建大亞灣核電站的本土運動，並出任大亞灣核電站核安全諮詢委員會委員。

2 香港環境保護組於一九七七年成立，一九八一年改組為環境保護處，五年後改為環境保護署，專責處理污染管制及預防的工作。

再做發酵去檢測大腸桿菌在污水的約略濃度，此方法既費時又費力。我從事分子生物學研究多年，一直採用無菌操作（Aseptic technique）的方法檢測大腸桿菌濃度，比政府所用的方法快十倍以上，準確度亦較高。

我所用的方法很簡單，只要先將採集得來的污水樣本，用水稀釋至若干濃度，再將之放入裝有EMB培養基（Eosin methylene blue agar）的培養皿內，再安置在無菌的環境下半日，便會有成果。這種EMB培養基含有伊紅（Eosin Y）及甲基藍（Methylene blue）兩種指示劑，當遇上大腸桿菌時，大腸桿菌會發酵並分解培養基中的乳糖（Lactose），繼而產生大量的酸性代謝物，使指示劑變成帶綠色金屬光澤的物質，沉澱在培養皿底部，產生大片綠色的大腸桿菌群落，用肉眼便可觀察到，而大小和數量正正可作為指標，量度大腸桿菌在污水中的濃度。

就是這樣，溫石麟當年由大埔林村河的上游瀑布開始，取樣量度大腸桿菌的濃度，一直做到下游大埔墟市區，結果發現瀑布上的大腸桿菌濃度只有每百毫升幾十個群落，在瀑布下即時飆升至幾千個，到中游再升至十萬個，當到達大埔墟市區時，群落便已幾何級大幅倍增至幾百萬個，污染程度之高，令當時社會為之震驚，大大揭示了當時政府排污系統的弊病。正因如此，每當有相關的記者發佈會，總能吸引大批媒體報道，而當日的大推手溫石麟，後來更因此成為污水專家，畢業後一生以推動環保為己任。

自八十年代開展了大腸桿菌的研究，往後我每屆都帶同學四出做相關的研究，並陸續將研究範圍拓展至香港各大泳灘、維多利亞港、吐露港、新界溪流、新界井水及梧桐河，再將研究成果寫成報告，向傳媒發表，為中大生物系打響了名堂。

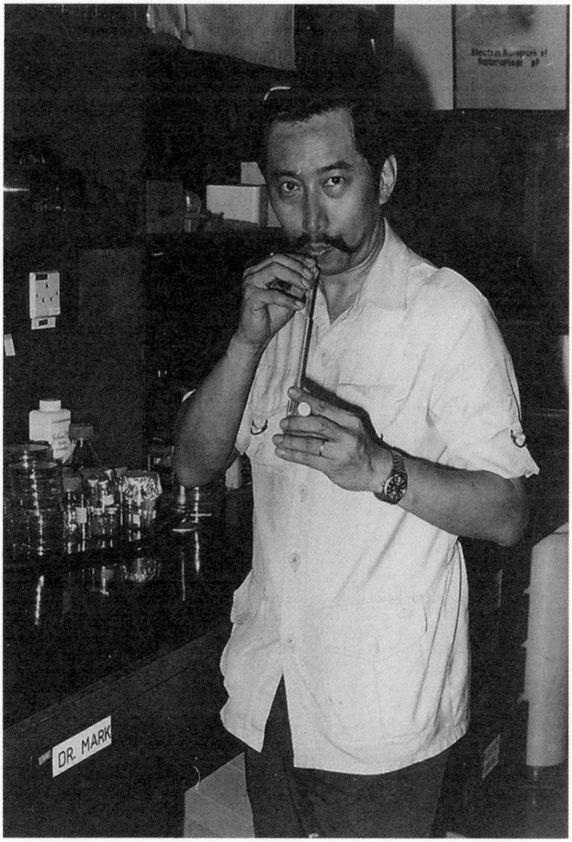

一九八六年，用玻璃吸管做稀釋細菌實驗。

3.8 標奇立異

在中大執教三十年，幾乎人人皆知我留有一對招牌的「蝦餃鬚」，幾乎每日都配上一身獵裝打扮，在中大四處走動。那些年不管是學生、同事、朋友，抑或傳媒記者，都總笑我標奇立異，同時又好奇我的蝦餃鬚因何而來。其實我這對蝦餃鬚由來的確「有段古」。

話說在一九八〇年，有次我跟同事一起吃飯，當時我已留鬚，但沒刻意打理，同事見侍應為我端上一碗芝麻糊，便個個暗自竊笑，猜想我一定吃得甚為狼狽。結果當我吃光整整一碗芝麻糊，臉上的鬚都沾上了芝麻糊漬，讓我做了一隻花臉貓，因而遭同事取笑了一頓。

於是乎，我回家想了想，發現自古希臘時代，歐美不少偉人貴族，都留有一對上翹得誇張的蝦餃鬚，那我何不仿效呢？自此，我每朝便拿起梳子和風筒將鬚向上吹，再用少許髮蠟定型。記得老婆第一眼看見已忍不住發笑，同事和學生看見卻個個暗叫盞鬼，久而久之習慣了，便成了我的招牌形象。

至於為何我總愛穿一身獵裝示人，背後其實純粹為方便，獵裝一般最少有四個口袋，收納空間極多，而我上堂總會在口袋插滿一套幾支不同顏色的筆，方便教學。我家的衣櫃，因此放了十幾二十套在西裝店訂造的獵裝，供我不時替換。

一身獵裝，加上蝦餃鬚的造型，乍看有點像民國初期的袁世凱大將軍，而我上堂時還會手執一條馬鞭。執教三十年來，我只用過一條從英國買回來的馬鞭，猛揮起來鞭鞭有力，足以令全場同學精神為之一振。某段時期，我還用過竹枝代替。不過，我自問不是一個鐵面教師，學生在堂上聽得最多的，不是我的訓話和揮鞭聲，而是我唸的宋詞。自我兒時聽祖父吟唱宋詞，我已被宋詞中的意境和韻味深深吸引。到我學成回流當老師的時候，我總愛在幾個相熟的學生面前或冬營營火會時，趁機露兩手。而同學聽的最多的，相信是北宋時的文學大師蘇軾所寫的〈念奴嬌〉。劈頭第一句「大江東去，浪淘盡，千古風流人物」，氣勢之磅礴，豪情之烈，實在令人陶醉。

我唸過的宋詞，就如我當年所教的知識一樣，傳進每屆學生的腦袋，他們得着有幾多，我可不知道了。至於我以往用過的那條馬鞭和竹枝，就在我一九九五年退休時，分別送給了我的學生邵鵬柱和周敬泉，冀望他們能繼承我的教業，鞭策莘莘學子努力求學。後來，周敬泉手上的竹枝再傳到他弟弟兼我的另一位愛徒周敬流[1]手上。

在二〇一六年，學生為慶祝我八十大壽，特地辦了一次學術研討會[2]和晚宴。在晚宴上，我昔日手上的馬鞭和竹枝又再得以聚首一堂，縱使以往堅挺不拔的那對蝦餃鬚早已變白，但眼見我所栽培的學生各有成就，心裏還是深感欣慰。

讀到這裏，不難發現栽培學生是我一生的志趣，而在中大打網球則是我課餘的最大興趣。大學時代的我從未接觸網球，本身只有羽毛球的底子，直至在中大教書，我才拾起網球拍自學。

打羽毛球講求腕力，當年我就將羽毛球扣殺的伎倆應用在網球之上，雖非正統，卻威力無比。每天放學，我就會一個人拿着球拍和網球，到中大的運動場，對着牆壁自顧自對打，一打動輒一個多小時。如是者日復日練習，盲拳也能打死老師傅。我甚至當上了中大教職員網球隊的隊長[3]。自一九八〇年起，我夥拍波友譚兆祥[4]教授，連續贏了十二屆的校內師生網球比賽冠軍[5]，成為中大網球壇上的「必殺雙雄」，後來我更成為中大網球會的榮譽主席。

1 周敬流教授一九八六年中大生物系畢業，誠明獎得主，後來在美國德州貝勒醫學院取得細胞生物學博士學位，期間聯同其他校友在美國侯斯頓創立 CU BioNet 校友通訊錄平台，一九九四年應香港科技大學邀請，回流香港執教鞭，現為科大生命科學部及生物醫學工程部教授。

2 以學術研討會形式，為在教學上貢獻良多的教授慶祝大壽，是國際大學學界的傳統。在研討會上，教授的學生會發表其最新的學術研究，藉此向恩師表達栽培之恩。

蝦餃鬚和馬鞭是我在中大教書時的招牌打扮。

3 麥繼強教授於一九八一至八四年間出任新亞書院教師網球會的隊長，一九八五至八七年出任中大教職員網球隊的隊長。

4 譚兆祥教授於一九八一年出任中大生理學系講師，其後出任系主任長達十二年，以及生物醫學學院副院長，二〇一一年榮休。

5 翻查中文大學的相關紀錄，麥教授於一九八〇年起，曾十三度奪得校內師生網球比賽的最高榮譽「蜆殼盃」，其中一九八三及八九年沒有得獎。

3.9

外訪見聞

在中大教書三十年，我曾以訪問學人的身份外訪五次，每次都是增長見聞和學術修養的機會，無論對我教學、栽培學生，以至學術研究都有莫大的幫助。最早的一次是一九六八年，即我加入中大生物系第三年，我獲邀到日本大阪大學的分子遺傳實驗室（Laboratory of Molecular Genetics）外訪三個月，主要跟當時的實驗室所長次田教授（Akira Tsugita），從事溶菌酶（Lysozyme）方面的研究。期間，我發現日本的兒童健康政策推行得相當完善，而且每個兒童都可獲配給免費牛奶。這一政策可算是亞洲少有。

一九七〇年，我得以重返美國，到威斯康辛大學麥迪遜分校的 McArdle 實驗室，外訪一年跟隨斯吉巴爾斯基教授；一九七六年再到美國的布魯克黑文國家實驗室（Brookhaven National Laboratory）外訪一年，跟隨 T7 噬菌體基因專家 F. William Studier 教授。這兩次，我都帶全家遠赴美國，當中在布魯克黑文國家實驗室的見聞令人印象頗深刻。

實驗室位於美國長島的阿普頓（Upton），一九四七年成立時是美軍的基地。當時實驗室主力研發原子能科技，說白一點即是研發原子彈的基地，現時內裏配備很多世界一級的相關儀器。例如在簡稱「NSLS-II」、花了九億一千二百萬美元建造的環狀巨形建築物——美國國家同步輻射光源二期（National Synchrotron Light Source II）內，就放有一部可加速質子、重離子進行正面對撞的「相對論性重離子對撞機」（Relativistic heavy ion collider）。而且這個佔地近五千三百英畝的國家級實驗室，至今還孕育了七個諾貝爾獎得主。

即使實驗室後來被美國能源部接管，再判給大學及研究機構開放使用，但那裏還是如二戰時期一樣守衛森嚴。我在那裏的生物系做高級訪問生物學家，住在備有暖氣的宿舍內，宿舍附近的園地種滿花，而且配備獨立的個人實驗室，乍看一切如常，但當到了夜晚，各處便會露出探射燈，不停掃視廣場等重要位置，當發現有可疑人物，警報就會響徹校園，守衛之森嚴，相信就連針也插不入。

不過，我在那裏從事的研究卻跟原子能毫無關係，而是做我熟悉的大腸桿菌研究。當時我發現大腸桿菌內有個T7基因，它所產生的0.3基因蛋白（Gene protein）能有效降低大腸桿菌的活性，而關鍵就在T7基因內用於生成這種基因蛋白的抗胺基酸序列（0.3 Anti-amino acid sequence），若能了解它的特性和控制大腸桿菌活性的箇中機理，便有相當大的研究價值。打個比喻，我當時就像在一間工廠中，發現了會拖慢整間工廠產量的機器。這部機器所製造出來的部分半製成品有瑕疵，但只知道出錯的原因是這部機器中的部分零件老化，而我的工作就是要找出老化了的機件部分。

那一年，我每朝十一時便回實驗室，準備好實驗的工具和設備，到晚上沒人用實驗室時才開始工作，直至快天亮才回家睡覺，日日如是。這個日夜顛倒的工作模式為我帶來不錯的研究成果。我成功淨化了 0.3 基因蛋白，並製造了部分的抗胺基酸序列，將成果寫成報告，在大學的學術期刊《生物化學雜誌》（*The Journal of Biological Chemistry*）中發表。

這一年，我的研究有收穫，但最大的收穫卻在兩個女兒身上。大女兒令琴在實驗室北面的里奇小學（Ridge Elementary School）接受美式教育，短短一年便已說得一口流利的東岸英語，並且學懂騎單車，練成健康扎實的體格。細女兒令珊則在當地幼兒園讀了半年，平時沉默寡言的她開口說起英語來，也相當地道，令我甚為欣喜。

除了做研究，我工餘便帶一家四處走動，看當地冬天下雪後常見的浣熊（Raccoon），跟着牠們留下的腳印，尋找牠們棲身的足跡，好運的話，我們還能看見棉尾小兔（Cottontail rabbit）在雪下走動。

此外，長島名副其實是個很長的地方，南端是布魯克林，接近紐約市中心，而北端隔着布洛克島海峽（Block Island Sound），與波士頓相對，兩岸各處都是釣台。我於是帶女兒去沿海摸蜆，我則去釣魚，收穫往往很豐富，有鯛魚（Porgy）、扁鰺（Bluefish）、鰻魚（Eel）、鰈魚（Plaice）、蠔（Oyster）、青口（Mussels）、馬蹄蛤（Horseshoe clam）、藍螃蟹（Blue crab）等，漁穫甚豐。

一九七七年從長島回港後，要等到一九八四年，我才再到英國倫敦帝國學院的生物技術研究所（Centre for Biotechnology）訪問。我在這裏跟當地的著名學者學了一些相當另類的研究方法，詳情我在往後的章節將有提及，所以我在此先不多說[1]。那次一家難得來到英國倫敦，我又帶一家人去了一趟大英博物館，那是我繼博士畢業旅行那次之後，再次踏足那個令我驚喜又驚奇的地方。

到了一九八九年，我又有機會外訪台北中央研究院旗下的分子生物研究所。在中央研究院內，我有幸跟幾位出色的學者見面，當中包括基因工程的重要開創學者吳瑞教授、學生徐立之的博士導師 Roger Hendrix，以及當年有份舉薦徐立之的何濳教授。當時何教授正準備出任在中央研究院的所長。他們兩位異口同聲大讚徐立之是個熱心的學生，教身為他啟蒙老師的我也深感自豪。

1 見〈腳踏科研路〉一節

一九八四年，在英國倫敦帝國學院跟學生邵鵬柱的導師赫特利教授，於劍橋大學前合照。

3.10 腳踏科研路

在中大執教，我既是一個老師也是一個分子生物學學者，栽培學生以外，追求研究成就亦必不可少。不過，自一九六五年加入中大生物系，直至一九七二年我當上新亞生物系系主任，我一直忙於處理跟崇基學院生物系合併的行政工作，以及四處物色教師加入，壯大生物系[1]，期間只在國際學術雜誌刊出幾篇病毒學研究報告[2]。到一九七六年，我將系主任一職交棒給趙傳纓老師，才能騰出時間去做點研究。

一九八四年，我有幸到英國倫敦帝國學院的生物技術研究所，在赫特利教授（Brian Selby Hartley FRS）[3]的實驗室做訪問學人，跟他學做遺傳工程的研究。在他的引導下，我做了一個相當另類的研究，就是利用改變基因的方式，令大腸桿菌自我製造一些對自身有毒的物質。

為此，我日復日地做實驗，研究如何基因複製大腸桿菌的控制因子醇脫氫酶（Alcohol dehydrogenase）[4]。這個因子對大腸桿菌有毒，很不穩定，

1 一九七二至七六年，麥繼強教授出任新亞生物系系主任期間，他聘請了新亞生物系舊生黃銘洪及姚大衛兩位教授。二人分別於一九六八及六九年入讀新亞生物系，及後分別取得環境學及生理學博士學位。黃銘洪教授一九八六年轉到浸大出任生物系系主任，二〇〇四年榮休；姚大衛教授後來則升任中大生物醫學院解剖系系主任，二〇一一年榮休後獲聘為研究教授，及授予榮休講座教授名銜。

我用核酸序列（Nucleic acid sequence）去研究，結果找到醇脫氫酶的啟動子（Promoter），這個啟動子可以控制大腸桿菌自我複製的機制，但對大腸桿菌的抑制效果並非萬試萬靈，於是我轉而主力研究當中的決定性機制，可惜最後研究只有些許成果而未有結論，不足以發表成文。

那年頭，我還跟何國強教授[5]在中大醫學院科學大樓的一四四室，建立了一個遺傳工程實驗室，供中大生物化學系及生物系的老師使用，開展有關遺傳工程的研究。一九八七年，憑着我在推動中大理學院遺傳工程研究方面的貢獻，我獲晉升為Reader（今譯作教授），但那年代的研究風氣未算熾熱，我在遺傳工程上的研究亦遇上種種阻力，即使我盡了很大的努力，仍比不上在栽培學生方面的成就，令我頗為失望。

在推動遺傳工程的研究上有點失意，曾令我對學術追求一度感到迷失，直至某年，我在中大一次開學禮上，聽時任校長高錕[6]在台上發言，指從事科學研究不應只着眼理論性的命題，同時亦應做些有實用價值的研究。此話對我猶如指路明燈，頓時照亮了我的學術研究之路。

適逢當年我天天乘火車上班經過火炭，總會看見火炭段的城門河支流。那裏的水帶五顏六色，污染極之嚴重。這些污染河水的染料對自然環境存着極大

2 一九七四年，麥繼強教授發表幾篇學術文章後獲晉升為高級講師。

3 赫特利教授於一九八一至九一年出任帝國學院生物技術研究所的所長，一九八三年邵鵬柱跟隨他攻讀博士學位，一年後麥教授亦加入他的實驗室做訪問學人。

4 醇脫氫酶簡稱ADH，是人類及動物肝臟內常見的含鋅金屬酶，是分解酒精，即乙醇的主要代謝酶。

5 何國強教授一九七五年加入中大生物化學系，一九九八年升任為系主任。二〇〇三年，他獲中大委任為香港生物科技研究院第四任院長，直至二〇一〇年榮休為止。

的破壞力，屬水溶性有機物，於是我忽發奇想，若能培育出特定的細菌，有效地將這些染料進行生物降解（Biodegradation），便能為解決河道的工業化污染出一分力。

二次世界大戰之後，香港第一間紡織廠於一九四七年創立，之後紡織界便蓬勃發展，翌年大增至一千間，十年後再倍增至三千三百間。到了高峰期的一九六七年，香港的紡織廠已升至一萬一千間，工人數目達四十三萬人。蓬勃的發展於是帶來嚴重的水污染問題，經過幾十年之後，基於自然界的法則，河道上亦必然存在能分解工業污料的細菌，而我的任務便是要把它們找出來。

這念頭正好切合高錕校長當年對全校老師的號召，令我看到研究的曙光，而要開展這方面的研究，首要一步是要找出河道染料的主要種類。為此，我跟同學走遍城門河火炭段一帶的染料廠，逐家詢問它們採用的染料成分，結果發現廠家最常用的是一種名為靛藍（Indigo）的染料。它是人類很早便開始使用的天然染料，早在一八七〇年便有德國科學家成功合成。靛藍在室溫下是藍色結晶粉末，水溶性極低，常用於染製牛仔布[7]。

由於靛藍幾乎不溶於水、酸和鹼，要將之製成染液，吸附在紡織物的表面，就必須要先進行氧化還原（Reduction-oxidation），生成靛白。靛白可溶

6 有「光纖之父」之稱的高錕校長於一九八七年出任中文大學第三任校長，一九九六年卸任。

7 一般布料由棉紗縱橫交織而成，縱向的稱為「經紗」（Warp），橫向的則稱為「緯紗」（Weft），而染製牛仔布的方法是用靛白將經紗染成藍色，再跟白色的緯紗交織而成。

於鹼性液體，浸染布料後，布料接觸空氣中的氧，靛白便會被氧化，再生成靛藍，緊緊附於衣物纖維上。同樣道理，由於靛藍水溶性極低，染料廠排出的污水並不是靛藍，而是經磺化作用（Sulfonation）[8]後生成的有機鹽靛藍胭脂紅（Indigo carmine），亦即可溶於水的可食用色素靛卡紅（E132）。

由於靛卡紅在城門河中普遍存在，河道中必然存在至少一種能分解靛卡紅的細菌，於是我就用靛卡紅混入大菜糕（Agar）中製成藍色的培養基，再放到一個個培養皿上，之後就將從各處採集得來的河水不斷稀釋，滴在培養皿上，若藍色的培養基上出現一個褪色的大坑（Hollow），便代表樣本內含有可分解靛卡紅的細菌。此時將大坑部分挖出再加水稀釋，重複以上步驟幾次便能純化出能分解靛卡紅的細菌菌株。

有了這個簡單而且有效的篩選方法，我的研究很快便有初步的成果，我將純化了的菌株樣本送交第三方的化學鑑定公司分析，得出這些細菌全部屬於 **H-12** 品種。於是我進一步研究哪一種菌種的細菌能在靛卡紅培養基中，生出最大的大坑，這樣便代表那種菌有最強的分解靛卡紅的能力，若能適當運用，便能有效解決城門河的染料污染問題。

當年我花了足足八年時間研究染料分解，加上我年年發表香港各大水域大

8 磺化作用是將化合物化學結構中芳烴（Arene）上的氫原子，以磺酸的官能基（Sulfonic acid functional group）取代，而靛卡紅的生成就是在靛藍的化學結構左右兩端的芳烴，加入磺酸官能基。

腸桿菌含量的報告，令港英政府亦開始關注工業水污染的問題。一九八九年，香港渠務署成立，其首要任務便是要推行排污政策。當時香港不少紡織廠的漂染廠房因未能配合新定的法規，建立污水處理站，因而要結業或北上發展。

如今回看，雖然在那個年代，我的研究仍未被廣泛應用，但能影響社會，引起政府關注並着力解決水污染問題，對我來說，已非常有實用價值。

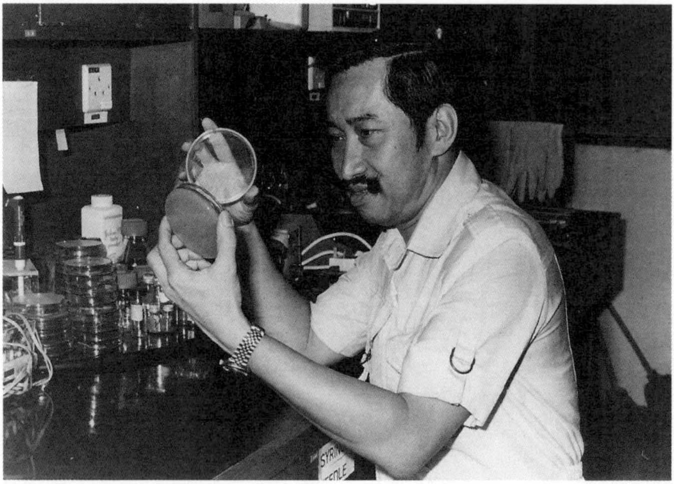

八、九十年代，我積極從事科研，如在一九八六年，我就日夜在實驗室做實驗，希望找出能分解牛仔布染料靛卡紅的細菌品種。

3.11

飲恨的專利

高錕校長幾十年前在台上的一番話，不止啟發我的研究路向，他還積極鼓勵教職員為研究成果申請國際專利，而我在分解靛卡紅染料上的研究成果，在當年就有幸成為中文大學首個申請專利的項目，這對於一個研究學者和科學家來說，絕對是對一己成就的最大肯定。

一九八九年，我在中大的積極協助下，獲安排跟中大的專利權委員會[1]秘書葉顏文慧（Alice Yip）[2]一同草擬專利的申請規則。起初，為了吸引教職員參加，專利申請的規條對教職員非常有利，一旦成功申請，專利帶來的收益將由專利的發明者與校方五五分賬。到後期，隨着專利申請愈來愈多，教職員可得的收益比例隨即調低至兩成半[3]。

那時，專利權申請在香港尚未普及，經過一輪討論後，校方決定將分解靛藍的專利申請計劃，交由在一九八八年成立的香港生物科技研究院（Hong Kong Institute of Biotechnology）接手，代為申請美國專利。

1 中大專利權委員會於一九八九年成立，前身為專利權常務委員會，主力根據校方的「研究、諮詢顧問服務及知識產權政策」，協助中大教職員就學術研究成果申請專利。

2 葉顏文慧當年為中大的研究事務主任，主管研究事務處，並兼任中大專利權委員會秘書。

3 根據中大於一九九七年六月四日刊出的《中大通訊》，當時中大教職員必須經中大申請專利，未來收剛好當時香港生物科技研究院的副院長是我的學生李兆良博士[4]，從他口中，我得知當時的院長林文傑教授（Dominic Lam）[5]很重視我的發現，打算以此作為「生招牌」，打響中大及生物科技研究院的名堂。可惜，過程中向外界洩露了太多內情，我的研究成果及當中所用的技術被一間小型的紡織公司公開了。雖然如此，但根據當時美國的專利申請法規，即使專利內容被公開，發明者仍可在一年內申請專利，奈何院方事後卻無人肯出手跟進，令我的專利申請計劃通通付諸流水，無法得到應有的產權保護，其專利價值亦大打折扣。

事隔多年，有關的專利申請文件仍妥善保存在中大的圖書館內，每次憶起這件事，心中仍難掩一絲怨意，而這亦成為我一生中的一大遺憾。不過，在一九九三年，我在能分解靛藍的H-12菌株中，分離出一種能有效分解靛卡紅的小蛋白質，並再次經由香港生物科技研究院牽頭，成功在美國申請以下三個專利：

一、利用細菌菌株將靛藍及靛卡紅進行微生物降解（美國專利編號US5418161A）

Microbial Degradation of Indigo and Indigo Carmine with bacteria strain

網址：https://www.google.ch/patents/US5418161

益的四分一歸發明者，其餘則歸中大所有。如發明者支付一成的申請費用，便可獲得將來收益的一成，以及餘下九成的四分一，如此類推。而當年獲接納的專利申請有十份，當中三份已取得美國專利。

4 李兆良博士一九六九年中大新亞生物系畢業，一九七四年取得美國普渡大學（Purdue University）藥學院生物化學博士。他在一九八九至九三年間，出任香港生物科技研究院副院長。

5 林文傑教授在一九七〇年取得多倫多大學醫學生物物理哲學博士，之後曾任職哈佛醫學院及貝勒醫學院，主力研究神經細胞傳遞的分子結構。一九八八

二、利用從細菌菌株 ATCC 55396 分離出的酵素降解靛藍及靛卡紅（美國專利編號 US5457043A）

Degradation of indigo and indigo carmine with an enzyme isolated from bacteria strain ATCC 55396

網址：https://www.google.ch/patents/US5457043

三、能有效清除基質中硫黑染料的細菌（美國專利編號 US5610064）

Bacterium useful in the removal of sulphur black dye from a substrate

網址：https://www.google.ch/patents/US5610064

雖然當年的失誤，令我無法為我的發現，申請最廣義且應用層面廣泛的專利，因而要退而求其次，申請應用層面較窄的其他小專利，但也總算是香港中文大學創校以來的首三個美國專利，也令我名副其實的成為一個應用科學家。

到了一九九五年，適逢香港政府想打造世界經濟及工業中心的形象，工業署因此組織了一個由本港商業機構、大學及政府單位組成的展覽團，參加德國一年一度的漢諾威工業博覽會（Hannover Fair）。當時我向高錕校長提議以

年六月起出任香港生物科技研究院第一任院長，一九九三年卸任。

「生物分解工業染料」（The Bioremoval of Industrial Dyes）作為中大參展的主題，並獲接納。大學出版處因此特地製作了五塊大展板和一批小冊子，介紹我的三個生物降解染料專利，總算讓我的研究成果得以在國際間發表，也讓我得以正正式式地踏進應用科學的世界。

應用科學（Applied science）的世界跟我原本熟悉的基本科學（Basic science）世界有很大的分別，前者所追求的並非新知識和發明，而是社會上能應用的價值。從事基本科學研究，當大概念走歪了，便會令研究寸步難行，但從事應用科學，困難往往出自一些小地方。

舉例說，當我成功申請專利後，曾努力去做些更深入的研究，想找出有效的方法去分解牛仔布料。可是，當時紡織業界普遍用多層染法染製牛仔布，即使我從 H-12 菌株中分離出可分解靛藍的酵素，但所得酵素只能去除牛仔布表面幾層的靛藍，無法完全分解牛仔布上的染料。在一九九一至一九九五年間，我在香港生物科技研究院的研究室內，跟技術員一起研究解決的辦法，卻始終無法突破這難關，技術被卡住了，生物降解靛藍技術的應用發展亦因而止步，那年我剛好踏入六十歲退休之齡，無法繼續這項研究，如今想起實在可惜。

一九八六年，我跟一班教授，以及諾貝爾化學獎得主 Lord Todd（右二）一起商討成立香港生物科技研究院，也算是我教學生涯中的一項成就。

3.12 別了中大

在中大工作，霎眼便三十年，到一九九五年退休時，我以正教授的職位掛鞭，正式告別這個待了幾十年，山明水秀的美麗校園。不捨之餘，心中也不免有點遺憾，所指的除了是那個令我飲恨而又申請失敗的美國專利[1]，還有的是，我在中大最後的幾年，完成了很多實驗和研究報告，當中有八十二篇從未有機會發表，實在是很可惜。

之不過，我還是非常嚮往和懷念昔日在中大執教的歲月，而且當年中大給予教職員的薪水及服務條件都很優厚，部分更早已成為歷史，就如以下五項：

一、每月一萬元的買屋津貼

二、可觀的退休金（Superannuation），金額的計算方程式是將在中大服務的年期乘以退休時薪水的兩倍。

三、自成為高級講師後，每兩年有一次公費支付全家旅行一次。

1 參見〈飲恨的專利〉一節

四、可入住中大很大面積的教職員宿舍，我則住過五苑 1A 及 7A。
五、工作五年，可申請外訪歐美學術機構作特別休假（Sabbatical leave）。

當年退休，心中縱有千萬個不捨，但礙於中大有退休年齡的限制，我亦只好退下來。辦公室沒有甚麼可以留下，除了之前提過的馬鞭和竹枝，我將它們分別送了給我的學生邵鵬柱和周敬泉，其餘剩下的就只有我最引以自豪，曾培育出過百個博士學生的那間 G96 實驗室。中國傳統重視師徒關係，同時亦重視傳承，因此我將這間實驗室交了給我另一位學生馮明釗[2]，讓他可以好好繼承我作育英才的使命。

離開中大之後，第二年我隨即轉到香港教育學院（香港教育大學前身），出任科學和數學系的系主任及首席講師（Principal lecturer），而且一做便做了兩年，期間數學系獨立分拆成系，我變為只掌管科學系。

在教院工作，我的任務跟我當年出任新亞生物系系主任時差不多，就是要處理搬校舍的問題，當中涉及不少人事鬥爭，我自問廿多年前領教過不少，如今再接這個燙手山芋，心裏也早打了個底。第一年，主要是處理人事問題，代表科學和數學系，跟教院其他系爭地方、爭人力資源。在學術機構內，要爭取

2 麥繼強教授退休時，馮明釗教授是中大生物系的副教授。如今馮明釗教授已榮休出任中大生物系客座教授，G96 實驗室現由關健明副教授使用。

這些資源，背後講的是一套商業世界以外的規則，就是以學生人數為主要考慮因素，哪個科目收生人數較多，自然可獲撥較多的教學資源。

這個道理顯淺易明，但對教學來說，這規則卻甚無效益，於是我提議了另一個方法，就是採用所謂的協同效應（Synergy），將全個系的資源整合在一起，表明向教院成功爭取的所有儀器，都會開放給系內所有老師公平使用。如此一來，教學資源便能好好運用，新舊兩批教職員更願意衷誠合作，很快便組成一個小組處理採購實驗儀器等工作，動作比其他系快得多。正所謂「行得快好世界」，進度因此非常順利。

第二年，我主要處理搬入新校舍的運作，這次要處理的則是系內教職員的資源配給和分佈，稍有不慎，很易惹起同事不滿。不過，我當時本着一統學系力量的心做事，在這大義之下，同事對我的辦公室分配都很滿意。從這例子，足可證明我當年對學生所說的一句話所言非虛：「一個出色的學者，同時亦應是個出色的領袖，所以領導才能必不可少。」

當完成了搬校舍的任務，我亦自覺是時候功成身退，交棒給下一代的年輕學者。而我則做了個相當大膽的決定，就是踏出我身處三十多年的象牙塔，轉戰商業世界闖一闖。一九九八年，適逢一間環保科技公司打算在香港上市，想收購我的三項分解靛藍染料專利，於是誠邀我這個發明者加盟。

在洽談這次合作時，集團的老闆梁先生得知我在環境保護和相關的研究領域上工作了多年，而且對專利申請亦頗在行，於是提出讓我出任集團的科學指導。而身為一個科學家，最吸引我的可不是他們提出的優厚聘任條件，而是當年他們向上海某集團收購回來的一個環保廁所，那個環保廁所能極速將人類的排泄物分解，若能加以改良、運用和推廣，便可省掉不少排污的空間，之後大量生產，就可以放在香港的港鐵站內，解決社區需要之餘，又能保護環境，一舉兩得。這一點恰恰正是我能力範圍以內做到的事，於是乎我順理成章地成為了公司團隊的一員。

不過，這次始終是我平生第一次踏足商業世界，我的律師細女令珊雖然也認同這份工作很適合我，但心裏少不免也會擔心我不熟諳商業世界的規則和文化，會諸事不順，甚至會因此揹上黑鍋。她於是在我的工作合約中替我加了一項條文，聲明一切決策完全依照公司指示進行，以換取她的一份安心。

在那裏，我的第一個任務就是促成收購專利的工作。我向中大的專利權委員會，提出以每個港幣三十萬元的定價，將我的那三個美國專利賣給這間公司。這筆交易相當順利，而我名下的專利能賣出，代表它們有商業價值，對我來說已相當欣慰。

之不過，由於這間公司當時只成立了很短時間，不符合港交所規定至少要運作三年的上市要求，迫不得已要改在新加坡上市。二〇〇〇年集團成功上市後，我便主動請辭，事關在這兩年間，我對商業世界的認識多了，同時也深深了解自己真的不太適合在功利的商業世界生存。與其如此，不如及早抽身。只可惜十幾年過去，我當年非常感興趣的那個環保廁所始終沒有正式面世，這可算是我唯一耿耿於懷的地方。

一九九八年離任香港教育學院，在告別派對上朗誦宋詞。

3.13

重返中大

在商業機構打滾了兩年，深知自己的性格跟商業世界格格不入，心裏反而因此更加踏實，確定走學術的路才是我的畢生命途。二〇〇〇年春天離開環保科技公司的時候，中大的杜祖貽教授[1]剛好找我洽談合作，共同做一個名為「腦神經科學與教育：中英語文教學研究計劃」的研究項目[2]，以科學的方法去研究香港學生在學習中英文語言時的大腦活動。

這對我來說，可是一項非常有趣的研究，而杜教授是位教育家，我則是一個科學家，以這個組合來做這方面的研究自然是一拍即合，而且杜教授成功說服了十幾位來自中大、港大、城大和理工大學的教授一起參加[3]，並且成功向香港政府優質教育基金，申請了一筆二千三百萬港元，為期三年的研究經費，計劃因此得以順利開展。

我從事科學研究已有三十年，有關這項研究需要用到的科學方法和工具，我心中皆有數，而且實行起來可算是易如反掌，問題只在於如何選定研究題目

1 杜祖貽教授一九五九年中文大學聯合書院社會學系畢業，一九六七年於南伊利諾大學（Southern Illinois University）的杜威研究中心（Center for Dewey Studies）取得博士學位。一九七九年回流出任中大教育學院講座教授及創院院長，一九八九年卸任。

2 杜祖貽教授於二〇〇五年將部分研究成果撰寫成著作《腦神經科學與教育：中英語文教學研究計劃》一書，此書由杜教授、教

和如何分配人手。第一年，我們的作風非常進取，研究得到的結果很難解讀，更遑論發表成文，因此我在第二年主張還原基本步，先找一些較易的研究題目和方向，基於常識去判斷研究結果，再用實驗去證明推想是否正確，例如我曾提出研究「有韻的詩比較易背」這命題，縱使當時有委員認為這類研究只能證明「阿媽是女人」，沒有研究價值，但有結果終歸比沒有的好，而且當我們熟習了研究的方法，以及掌握部分的研究成果，自然能藉此推敲，進一步做些較深入的研究。

事實證明，我的想法不無道理。當我們利用功能性磁振造影（Functional magnetic resonance imaging）去檢測學生唸不同語言時的大腦活動時，就讓我們發現一個有趣的結果。

功能性磁振造影技術是一種神經影像學技術，原理是利用磁振造影，來測量腦部血液動力（Haemodynamics）的改變，從而反映出腦部神經元（Neurons）的活動。這種技術看似很複雜，其實原理很簡單。神經細胞（Nerve cells）在活躍時會消耗氧氣，但這些細胞本身沒有暫存氧氣和葡萄糖，需要靠細胞周圍的微血管供給，所以當神經細胞活躍時，就會觸發腦充血，而腦部血液中的帶氧血紅素（Hemoglobin）濃度亦會上升。

育署前副署長兼計劃的首席研究員關定輝，及大學代表霍泰輝教授三人合編，並由中文大學出版。

3 當時參與的學者除了杜祖貽及麥繼強教授，還包括關定輝、霍泰輝、陳瑞燕、陳和晏、陳宇亮、周偉立、馮國培、馮戩雲、孔憲輝、李學銘及蘇廷弼共十三人。他們分別來自四間香港本地大學。

帶氧血紅素本身有反磁性的特質，去氧血紅素則相反，因此我們就可以分析大腦反射的磁共振訊號，分辨出腦內帶氧血紅素的分佈，再將之轉化成影像，從而推敲出大腦活躍的部分。

我們當年所做的研究，就要求接受測試的學生分別唸讀中文和英文，再用儀器檢測大腦內的發光點位置。結果發現，學生唸中文時，大腦負責圖像分析的右顳葉中腦迴部分（Right middle temporal gyrus）就會發光；唸英文時，發光點則落在負責聲音分析的右顳葉上腦迴部分（Right superior temporal gyrus）。由此得出，人類是以圖像方式解讀中文字，以聲音方式解讀英文字，而且學童在四歲時，腦部已有能力有系統地學習中英文。這發現若能加以應用，將有助有學習遲緩或阻礙的學童理解和學習語文，甚至促成教育改革。

此外，我們還做了不少相關的教育實驗，而且得到很多有趣的結果。我將之寫成了三篇文章，並收集了一千多篇有關腦神經運作和學習的相關論文，結集成參考文獻《腦神經科學知識與教學參考文獻選編》[4]，期間我們考慮到大部分教師都沒有科學背景，因此我們花了很長時間，將文獻的內容簡化，以深入淺出的方式闡述箇中的發現。雖然研究早在二〇〇三年已完成，但文獻最終要到二〇〇六年七月才出版。此外，研究團隊還出版了一本長達六百頁的《應

4 《腦神經科學知識與教學參考文獻選編》於二〇〇六年由香港中文大學出版，全書六十頁，作者是麥繼強教授和陳華倫博士。

用腦神經及認知科學提高香港語文教育成效研究計劃報告》[5]，將研究的所有結果分成十一個章節逐一講解。

做完這項研究之後，中文大學生物系在二〇〇四年上學期，再度聘請我回校出任兼職講師。當時生物系編制了一套專為內地學生而設的四年制課程，要我負責教第一年，編號 BIO1001 的細胞生物和遺傳學入門課「Introduction to Biology: Cell Biology and Genetics」。

離開中大近十年，再次獲邀執教，除了可讓我重拾教書的樂趣，我當時心裏其實還有一份「私心」，就是想在班中的華人學生中，再物色幾個可造之才，讓我加以栽培，從而印證一下我這把寶刀是否仍未老。正因如此，我教這一科入門課可謂落足心機，而教學的方法則跟我用了三十年的那一套一樣，就是先打好學生的理論基礎。於是，我執教的第一堂，便跟同學約法三章：第一要求同學細讀我選的英文教科書；第二要懂背出書中提及的化學物結構；第三要熟背書中的化學名詞。

上了幾堂課之後，我又「重施故伎」，搬出我在加州大學柏克萊分校讀碩士時，感到無比困擾的十分鐘測驗考同學。結果學生一見測驗，臉即時發青，個個都努力溫書備課，力求合格。這老方法相當辣，由於中大學生在學期尾都

5 《應用腦神經及認知科學提高香港語文教育成效研究計劃報告》在二〇一三年於《教育生物雜誌》（*Journal of Bio-education*）發表，報告的撮要見於 https://tinyurl.com/yc6j39gu。

要填一份評核老師教學表現的問卷，因此很多老師都不敢用這些嚴招教學，惟獨我不怕，結果日子有功，不少學生升上二年級時，就發現我當年為他們打下的基礎相當有用。

這份臨時的教學工作我做到二〇〇七年，在這四年期間，我的確物色到兩個相當出眾的學生，其中一位叫曲松[6]。他畢業時同時獲得七間外國大學提供全額獎學金，成績斐然。二〇一〇年，他遠赴美國斯克里普斯研究所（The Scripps Research Institute）攻讀博士。他有此成就，主要靠他自己的努力，而我作為他的啟蒙老師，亦教我重拾當年栽培眾多位出色學生的滿足感，也再一次讓我知道自己對教學和作育英才的那份熱愛，從未曾滅。

6 曲松二〇〇四年就讀中大生物系，二〇一〇年以一級榮譽畢業，二〇〇六至二〇〇七年期間曾到加州大學柏克萊分校參加海外生研究計劃，出任兼職研究助理。二〇一〇年再到美國斯克里普斯研究所修讀生物科學哲學博士課程，二〇一七年畢業。

二〇〇〇年，跟杜祖貽教授（前排右二）合作，取得二千三百萬元資助，進行有關腦神經科學的研究。

第四章

4

股海縱橫有感

4.1 仙股投資法則

我自一九七三年開始便涉足股壇，不久即遇上股災[1]，人人見過鬼怕黑，我卻死不認輸，自此便埋首鑽研，作為個人的投資，賺了的就用來買古董，同時作為我當時研究計劃的部分經費。

我曾經在一九九九至二〇〇〇年間，靠炒仙股（Penny stocks）[2]而有不錯的收穫，事後我做了不少圖表分析，發現這些仙股的股價表現有其獨特之處。當股價的陰陽燭圖（Candlesticks charts）[3]上，連續三個月出現一小段波平如鏡的小平原（Platform），便是入市的機會，若股價在短時間內急升，則是出貨的警示信號，而在牛市第三期，仙股會有一次大升的機會，在此時大手入市便會有大收穫。

以我買賣仙股三十多年的經驗，我發現股市跟仙股的表現大抵有個既定的模式（Pattern），升跌皆有跡可尋。股票市場是大鱷吃大魚、大魚食小魚的地方，大戶為求散貨，經常會興風作浪，製造陷阱和假消息引你入局，所以

1 一九七三年香港恒指在三個月內大升逾一倍，不少港人辭職炒股，但到了一九七四年十二月十日，恒指大跌九成，重回一九六九年時的低位，數以萬計市民因此破產，甚至自殺。這次大股災是香港股票普及化後第一次，亦是最大規模的一次股災。

2 「細價股」的一種，即每股股價低於一毫的股票，這類股票的上市公司大多是中小型公司，甚至沒有任何實質業務，主要靠消息推動股價，表現能在短

坊間所謂的消息其實大部分只是幌子，要在股壇中賺大錢，就要依靠技術分析（Technical analysis），而非靠追捧這些只供莊家大戶左右市場的小道消息。

懂得分析行情，是入市的第一步，否則盲目入市，只會成為大戶的點心。這門學問複雜難懂，卻恰巧跟我做研究所需要的思維差不多，加上父親是位著名的經濟學家，自問或多或少也遺傳了他的數理天分，所以撞過幾次板後，我大抵也能歸納出大市的幾個法則。

首先，股票的升跌表現是有週期性的，通常幾年一轉，稱之為景氣循環（Business cycle），期間上升的「牛市」（Bull cycle）跟下跌的「熊市」（Bear cycle）會交替出現，周而復始，而牛市和熊市又各有三個小週期（Sub-cycle），分別稱為牛I、牛II、牛III，以及熊I、熊II和熊III，而每個小週期各有特色，只要細心研究圖表便能洞悉大市的走向。

在牛I期間，大股或重磅股會大升，反之仙股的股價會下滑，因大市向好，投資者自然跟大勢走，但到了牛II及牛III階段，大股股價開始見頂，此時仙股會出現平波如鏡的基準線（Base line）及小平原，此時就是買入的好時機。

找到入市時機，問題是如何選擇適合的股票。我做人處事從不隨波逐流，因此藍籌股（Blue chips）從不是我杯茶，反之我會選擇在過去兩個大升大跌

時間內大上大落，是不少投資者以小博大的投資選擇。

3 — 又稱「乾坤燭」或「K線」，據說是日本江戶時代的白米商人本間宗久所發明，用於記錄每日的米市行情，以供分析白米的期貨市場，後來被廣泛應用於股票市場分析之上。

的週期中，股價最高及最低位有十倍差別，價位介乎一仙至五毫的仙股。若兩個大週期股價上落都有相同的格局，往績便算可靠。

股票，尤其是仙股，在一個長達四至六年的週期中，會在牛III的小週期來一次大升，期間一共會有三波的升幅，累積的股價相差會有十倍或以上。這規律只需翻查香港股票圖冊（HK chart book），再運用一些畫線分析的技巧，自然會有所發現，物色到十隻八隻潛質仙股。

仙股還有一個特質，就是在牛III的小週期，藍籌股會領頭大升，見頂後回落，仙股卻會慢一拍，追落後地急升，當出現大升幅後便會再大跌，甚至跌至原本的價位。這就像樓市一樣，村屋的價位往往會緊隨一、二手樓價升見頂後才會追落後，這個滯後的特性可以作為一個信號，提示入市的時機。

當摩拳擦掌看準了入市時機，之後就要定買入價，我會畫一條基準線作為主要的參考線，標示買入價，再分兩個階段入市，每次買入總額的一半。先在基準線標示的價位買入一半，再在股價下跌百分之十至二十時再買入另一半。完成入市後，要等相當長的時間才有機會沽貨，沉住氣等到股價急升時，一見價位超過買入價的一倍或五成時便可賣出，然後再立刻買另一隻仙股，直至大市升至頂位，熊市霎眼將至，便分兩日悉數將手上所有股票賣出。

4.2 心魔是大敵

在股海中浮沉，游走於這個玩弄數字升跌的遊戲中，我自問交過不少功課，損手有時，大賺有時，而經過三十幾年的沉澱及刻苦鑽研，我發現只有兩成人能夠在升跌市之間贏錢，而賺蝕與否，投資者的最大敵人，往往是「心魔」這兩隻字。

所謂的心魔，指的其實是一般投資者對股市變化的心理反應，當中不外乎以下幾種：

一、跟風

當你身邊連續有好幾個朋友對你說在股市中賺了錢，並大肆炫耀，再加上身邊人慫恿你兩句說：「你何不也玩兩手？」很多人自自然然便會以為買股票穩賺，投資少許玩兩手。當發現股價上升，錢原來賺得這麼容易，人就會加碼入市，冷不防此時熊市襲來，股價大插水，之前賺的都不夠賠。

起初，你還以為股市會反彈，誰知股價反而愈跌愈急，令你頓時兵荒馬亂，於是急就章便拋售手上的股票止蝕，身家慘遭大蒸發。這種股壇初哥必定試過的慘痛經驗，我當然也無法幸免。

二、急升時入市

股市急升時，不知何解投資初哥總會覺得愈升愈有，心裏不期然有入市的衝動，誰知道股價升得快，見頂也快，當你以高價大手接了貨，隨之而來的卻是大跌，令你即時面青青。

三、急跌時沽貨

急升令人心郁郁，急跌卻令人心慌慌，衝動全數沽貨，方發現股價回升，自然非常飲恨，而現實上，還有一類人，自以為看透股市變化，以為急跌之後就會回升，於是大手入貨，最終卻還是成為股壇大鱷的小獵物。

身為一個科學家，投資對我來說就好比做實驗，每次是賺是蝕都必會細心記錄，久而久之，只要分析這些數據，就會發現正正是心魔作怪，令我不期然做出以上三點行為，因而損手收場。正因如此，炒股投資說穿了其實是場心理戰，能夠控制心魔的人自然能夠獲勝，而且能長期在股市中賺錢的人少之又少，所以總是不宜久留為上。

之不過，人始終是群居動物，少不免會受羊群心理影響，當一個人選擇隨眾而成為羊群中的一員（Herd），就會頓然失去分析能力。要控制自己的心魔，就要為自己約法三章，訂立一些客觀的規條，控制自己入市和沽貨的行為。以我一直投資的仙股為例，我會為此立下了一條沽貨的死線，只要市場上三分之二的仙股都急升，我便會在兩日內沽盡手上所有股票，一股不留。

除此之外，我投於股海的錢，從來都是閒錢，而且每次入市，我都打着血本無歸的準備，即使輸掉了，我大可做隻「大閘蟹」，守兩、三年，等牛市再臨才沽貨走人。人本性貪婪，總想賺到盡，所以我每每會將買入價升三成，作為我的目標價位，無論大市如何愈升愈有，價位一到我從不戀棧持貨，立即沽貨走人。

這說來雖易，執行起來卻要無比自律，當中講求個人修為和歷練，若曾在股壇狠狠摔過一跤，自然見過鬼怕黑，久而久之，心魔自然無法作惡。我甚至將這份自律放於古董收藏的嗜好之上，規定自己最多只能用股市賺來的一成錢買古董。

我在一九九七年開始賺過一些錢，不過贏得並不清脆利落；二千年科網股爆破，我以少少的本金賺了幾十萬元；到了二〇〇七年，當時恒生指數升至近三萬二千點，轉眼間便大跌，我看準了時機，兩日內將手上股票全數拋售，結果賺了一千萬元。早年有傳媒看過我的古董收藏[1]，按這「九一法則」推算我過去幾十年在股壇賺了過億元，我當時一笑置之，其實是記者算多了。

賺錢的風光背後，我其實跟很多人一樣，也試過炒期指、窩輪蝕大本，而最終勝利的關鍵在於，每次損手我都有從中汲取教訓，經一事長一智。

1 見於二〇〇二年十月二日，於《太陽報》刊出的報道。

4.3 入市實驗

當我建立了一套仙股投資法則，就如同一個科學家找到了實驗的大方向，並且定下了一堆假設，接下來就要做連串實驗，實戰認證法則是否管用。到了二〇〇二年，香港股市又跌至低谷[1]，代表接下來的幾年，大市會步入牛III的小週期，而我先前物色的仙股有可能會來一次大反彈。這個機會難逢，於是我組織了一次投資計劃，希望可以趁機大手入市賺一筆。

在二〇〇三年，我一直有留意的幾隻心水仙股，陰陽燭圖上都出現平波如鏡的情況，乍看以為入市機會到了，我於是急不及待大手買入，一下子便用盡手上的流動現金。豈料仙股價位沒有應勢大升，反而再向下滑，令我頓時失了方寸。

雄心壯志打算落場一戰，誰知未到戲肉便先輸一仗，事實證明空有一腹理論，面對波濤洶湧的大市，人總難敵心魔作祟，被掩蓋了理智。事後檢討，我發現問題出於在牛II週期將近尾聲時，自己忽略了很多重要的信號，誤以為牛市已見底，因此大手買入跌勢未止的仙股，慘變坐艇戶，只能夠一直死守，靜

1 二〇〇二年八月，香港交易所建議將連續三十個交易日，市價皆低於五毫的主板仙股除牌，結果引起市場恐慌性拋售這堆仙股，這次事件後來被稱為「仙股事件」，並觸發時任的港交所行政總裁鄺其志辭職。

待形勢轉變。

二〇〇四年，仙股價位開始回升，由於急不及待要翻身，我沒理會自己之前定下股價升一倍才賣出的原則，趁第一波升潮便一下子沽清手上大部分股票套現。可是，那次回升的幅度不多，比我當時的買入價還要低，所以只能輸少當贏。當時，我唯一慶幸的是，自己買的是股票，可以等股價起死回生，而非期指或窩輪，一次便定輸贏，損失始終是有限數。

到了年尾，牛市已升了一段時間，不少仙股開始急升，證明大市已步入牛II週期。我將幾日內升了兩、三倍的仙股都賣出，再將資金買入手上評為A+、A或A-的優質殘價仙股，靜待它們緊隨急升。

踏入二〇〇五年，大市延續二〇〇四年尾的升勢，愈來愈多仙股急升，而且升幅也愈來愈大。根據我的觀察和分析，這些仙股會分三個階段上升。首先，股價會從高點下滑，跌勢會慢慢收窄，最後回復平穩。此時，我會在平穩的位置畫一條基準線，股價橫行幾個月後會突然急升，不久回吐半倍升幅，在走勢圖上形成一個尖狀的山峰（Spike），稱之為S1。

之後股價會再下滑，在某個價位回復平穩，再橫行一、兩個月，在圖表上形成一個小平原（Platform），稱之為P1。不久，股價會再度急升，形成第二個尖山峰S2，之後再下滑回穩，形成第二個小平原P2。第二個山峰往往會比S1高，第二個平原則會比P1短。

兩次急升之後，仙股最後會重複這個「急升、下滑、回穩」的方程式，再一次大升，形成價位史無前例地高的山峰S3，此時價位可以比基準線所標示的買入價高好幾倍至十倍。

在牛II至牛III的週期之間，會出現很多入貨和出貨的時機，我會在仙股處於第一或第二個平原狀態時買入，當然在基準線或第一個平原的價位入市是首選時機，大升的潛力非常大，當出現大升，我會在升勢尚未見頂便賣出套現，再投入買另一隻處於第一或第二個平原狀態的仙股。

日復日周而復始，看準便出手，我當時每日動輒買賣一百隻仙股，並將交投一一詳細記錄。如是者到了二〇〇五年年頭，我手上的股票淨值好不容易才回到兩年多前開始入市買仙股時的水位。這次失手，如同上了有血有淚的一課，令我深深明白到心魔這大敵不易對付，因此告誡自己要在買賣仙股中賺錢，一定要自律守規則，切忌心浮氣躁，寧可遲也莫過早入市。可幸的是，我的投資法則似乎很有用，只要我能管好心魔，同時準備一筆龐大的入市資金，下次應該能大賺一筆。

4.4 二〇〇八跌市神算

二〇〇六年，仙股的交投熱潮減退，以往動輒四、五倍的上升水位已不復再，所以當價位到達買入價的一、兩倍，我便會沽貨離場。一年後，我轉而研究世界主要股票市場的走勢，期間竟陸續發現環球將面臨大跌市的警示信號。

在二〇〇七年七月，日經平均指數（NKY）的走勢圖出現雙頂（Double head）[1]的格局，兩個頂的高度相若（H1及H2），曾經十次皆無失守的支持線被攻破，表示熊市即將來臨。九月九日，雙頂形成的頸線（Neckline I）[2]亦宣告失守，指數開始插水式下跌，在半年間大跌超過六千點，成為世界七大指數中，首個轉為熊市的股票市場。

當我從日本股市走勢圖上看到這個重要啟示，便開始嘗試分析其他指數的圖表。無獨有偶，英國富時100指數（UKX）在二〇〇七年十一月，即日經平均指數出現雙頂後四個月，亦出現雙頂格局，並且早在九月便跌破頸線。此外，美國的道瓊斯工業指數（DJIA）同樣在二〇〇七年十月出現雙頂，十一月

1　雙頂（Double head）表示兩個相連，但彼此相差二十個交易日以上的高點，通常出現在股價的高位，而第一個高點的成交量比第二個大，是大跌市的先兆。當跌穿頸線後，成交量會急增。

2　頸線（Neckline）屬支撐線，出現在頭肩頂形態中，是連接兩個低點的平行線。當股價跌破頸線，便有機會進一步下跌。

日經平均指數（NKY）
1/2007 - 7/2009

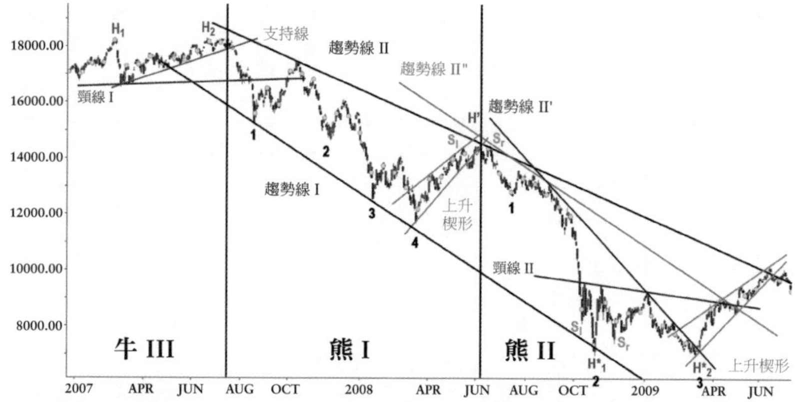

英國富時 100 指數（UKX）
1/2007 - 5/2009

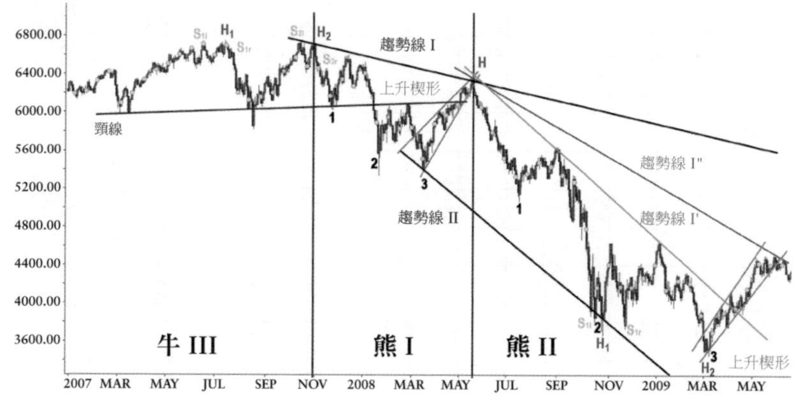

跌穿頸線，之後便出現大插水。

再看法國的CAC指數（CAC），走勢圖在七月已呈現正宗的頭肩頂（Head and shoulder top）格局[3]，反映市場緊隨日本，有步入熊市的先兆，到了二○○八年一月，走勢圖形成大的頭肩頂格局（Sl, H1-4及Sr），指數首次跌穿頸線，正式步入熊市。

在這些走勢圖上左劃右劃，我早在二○○七年三月已洞悉到可怕的熊市將至，於是在當時網上講股平台Asiawind.com的麥氏專欄（Mark's column）中[4]，寫了一篇文章，道明港股將面臨大跌市，呼籲讀者散貨走人。

文中，我列表說明當時恒生指數（HSI）自二○○六年十一月起，一直依一對很長、很斜的平衡軌（Channels）[5]上升，跌市絕對是意料中事，結果恒指在十月三十一日升至近三萬二千點的高位，之後應聲跌穿平衡軌，繼續急跌。

雖然是大跌市，當時不少藍籌股亦有升市表現，但升勢比仙股慢得多。在熊市來臨之前，我手上仍有不少仙股，因此一直擔心它們會大跌，令我血本無歸。幸好我及早發現恒指在年尾已形成上升楔形（Rising wedge）[6]格局，表示指數波幅一直隨上升而收窄，當兩條線相交，指數便會下跌。結果在三月十五日，恒指真的由二萬○九百七十一點，即上升楔形的頂位，大跌二千二百

3— 頭肩頂（Head and shoulder top）形態由左右兩個較低的高點（Sl及Sr），跟中央的最高點（H）組成，Sl的交投量最高，H次之，Sr最低，反映股價經歷三上三跌，一旦穿破頸線，便會出現急跌。

4— 原文題為「The forecast confirmed」，三月十一日載於Asiawind.com網站，現時該網站已關閉。

5— 兩條平衡、分別連接高點及低點的線組成的平衡軌（Channels），表示股價會在上下兩條軌之間上下游走，若平衡軌向上傾，表示股價會慢慢上升，直至到達下軌某一點時便會下跌。

美國道瓊斯工業指數（DJIA）
1/2007 -6/2009

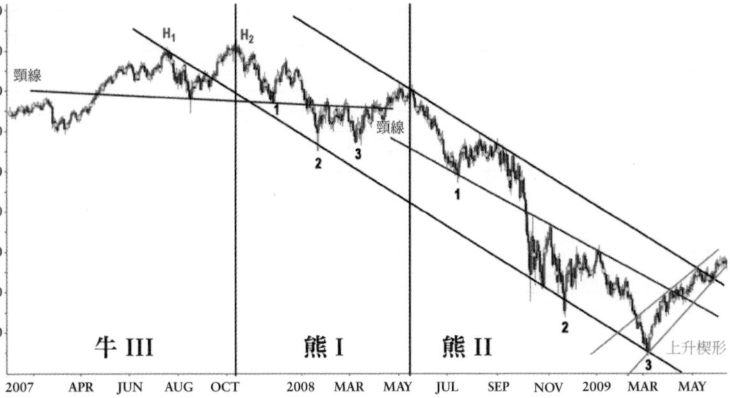

法國 CAC 指數（CAC）
1/2007 - 6/2009

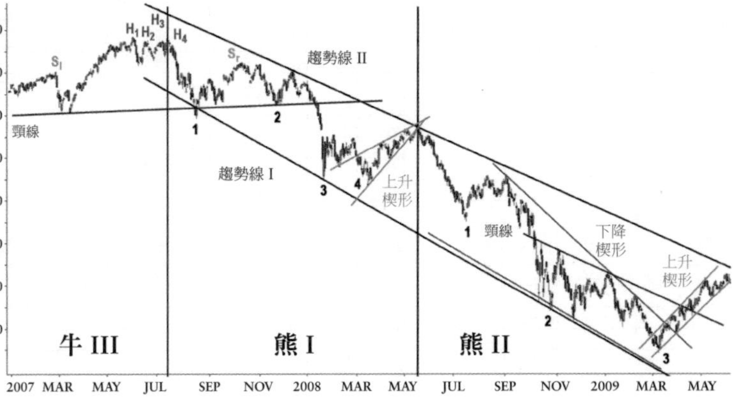

6 上升楔形（Rising wedge）由兩條分別連接高點及低點的線組成，兩條線會慢慢收窄波幅，通常會維持三至六個月，若兩線相交，股價便會下跌。這格局是投資者對該股票的興趣逐漸減少的先兆。

幾點，呈現吻別（Kiss goodbye）的走勢。

恒指如石頭向下墜，令仙股頓時失去追捧的熱潮，是沽貨的重要啟示。此外，當時中國上海A股指數（SHA）也跟香港恒指一樣處於氣泡狀態，隨時會暴跌，進一步拖累恒指。

因此，一踏入二〇〇七年三月，我便下了指令給股票經紀，要他先將我手上有一倍以上斬獲的仙股全數賣出，目標以市價在十一天內全數出貨，一股不留。幸好賣出時，仙股還在高位，可順利以高價賣出。之後，我加快了仙股的買賣循環，只要股價升一倍，我便會即時套現，再投資另一隻，等它再升五成便再賣出。

四個月之後，熊市味道愈來愈濃，令我不敢再買入仙股，開始沽出手上的貨，恒指在十一月升至三萬二千點時，是大手出貨的最後機會。到了年尾，我才正式完全退市。

一如我所料，當我清貨後不久，上海A股指數便爆破，牽連甚廣，一隻隻仙股隨即變成死股。到了二〇〇八年三月，恒指雖然稍有回升，但之後隨即步入熊II週期，最低更跌至一萬一千點，而仙股當時跌勢更急，不少投資者都全軍覆沒。幸好，我這次走得快好世界，趁早拋售股票，讓我避過一劫全身而退之餘，賬面還大賺百分之八十三。

恆生指數（HSI）
1/2007 -5/2009

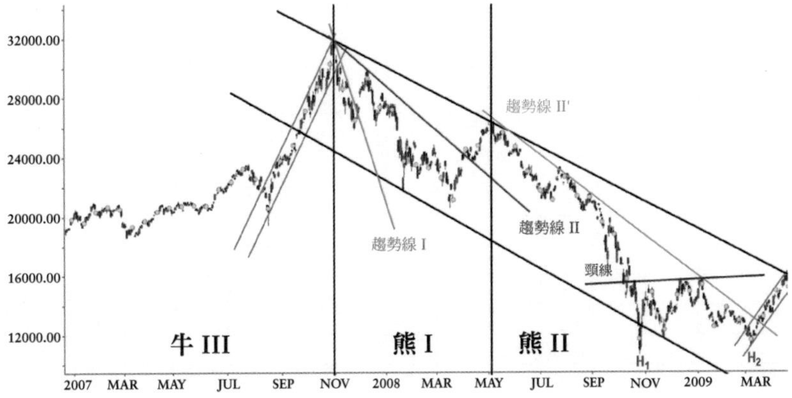

第五章

5

古董狂人

5.1

古錢幣與歷史

科學是一門探究未知領域的學問，收藏和研究古董則是一門珍視和重塑歷史的學問，兩者皆是我畢生的興趣，至今仍樂此不疲。書中花了不少篇幅詳談我在學術方面的追求，但鮮有提及我對收藏古董的興趣，因此在此另闢一章淺談。

話說在一九七五年，當年大女令琴只有七歲，我拿着一枚近一千九百年前的漢代五銖[1]銅錢，教她歷史，讓她了解當時的人究竟拿甚麼來買麵包，從中卻令我愛上收藏古錢幣，開始踏上古董收藏的路。

輾轉三十年間，我已收藏超過三萬枚古錢幣，涵蓋戰國至清代近二千五百年的歷史，見證朝代的更迭。說起古幣的歷史起源，夏、商代（公元前二十一世紀至公元前一〇四六年）的貝幣應是中國最早的貨幣，到了春秋戰國時期，楚國則流行以金鑄成金餅郢爰[2]，作為稱量的貨幣，商代晚期才改用青銅鑄幣。這些銅幣的造型狀似農耕用具，又稱「布幣」或「刀幣」，由此可見中國自古已重視農務。後來到了戰國後期，王畿的東周國和西周國[3]將刀布幣變成圓型

1 銖為中國古代的重量單位，《孫子算經》中記載，二十四銖為一兩，而一兩重十五點六克，到漢代以重五銖的銅鑄成幣，即約三點二五克。

2 金餅郢爰是中國最早的黃金鑄幣，使用時只需根據需要稱量，將金餅切割成小塊便可。到東漢後期，白銀產量增多，金餅陸續被銀錠和銀餅取代，至清代則改用銀元。

的錢幣，並一直沿用至清代（一六三六至一九一二年）。

由此可見，在收藏這些古錢幣的過程中，可讓人更加了解歷史的源流，也能更了解中國人的民族性，趣味盎然。就像好幾十年前，我曾在一個展覽中看到一枚太平天國的古錢幣，輾轉間尋尋覓覓方知這錢幣極之罕有，皆因太平天國只建國短短十三年，便被曾國藩率領的湘軍所滅，所以太平天國的錢幣只流通了十多年，產量不多，到清兵光復失地之後，即被視為賊錢。

凡百姓身上被搜出賊錢便會殺無赦，就地正法。也許中國人自古都很怕事，很多百姓為免身受其害，都紛紛將賊錢拋入河中，所以後來出土的太平天國錢幣，大多藏身於中國各地的河牀。得悉這段小歷史之後，令我更加想擁有這一枚「小賊錢」，我四出眾裏尋「它」，最終在古董街一間店中尋獲，讓我欣喜萬分。

古錢幣雖然流通量比玉器、畫作等古董多，鮮有贗品，但罕有的錢幣也有被仿製的可能。因此，每次搜購古錢幣，我都會分外小心，化身鑑證專家鑑別一番，當中恰巧需要科學家的知識和求真的精神。

由於太平天國錢幣大多被河水沖刷了過百年，幣身必定會有大量的銅鏽漬，亦即綠色的碳酸銅，而且昔日銅是非常珍貴的物料，所以錢幣一定很輕身。

3 公元前四四〇年，周考王在位期間封其弟姬揭為西周桓公，並將王畿（今河南一帶）封給他，建立西周國。三十三年後，周顯王在位，西周姬揭的兒子威公去世，他的孫姬根叛亂，在趙成侯和韓國的扶持下於王畿東部建立東周國，並在鞏地（今河南鞏義一帶）建都。兩國後來被秦國所滅。

除此之外，若錢幣鑄造於國力甚豐的朝代，鑄工大多講究，在翻砂鑄造的過程中，錢幣模上的文字定必工整，沙粒平整，且灌注液化銅時分佈平勻，鑄製出來的銅錢並不會有行內稱為「砂眼」的天然凹陷，或者稱為「透眼」的明顯孔洞。

有了這些基本的檢測知識，已可分辨出部分錢幣的真假。不過，留意鏽漬和鑄工以外，錢幣的款式和字樣亦需要格外留意。由於鑄造錢幣屬於大批量製作，由俗稱「母錢」、用人手雕刻而成的錢幣模，重複鑄製而成，因此每個錢幣的樣式、形狀、細節基本上都一致，若非有母錢在手自行鑄製，否則很難造出一模一樣的偽品。所以，凡是收藏古錢幣的人，身上定必有錢譜，記載了歷朝歷代的錢幣正反面樣式，方便跟實物比對，這工夫絕不能省，而我每次到古董店，都定必帶備錢譜和放大鏡，花上好些時間，埋頭研究一番。

買來的古錢幣，我都用錢幣冊好好收藏，按朝代排列整齊，有條不紊，我還會定期寫下一張尚缺的古錢幣清單，按圖索驥慢慢收集。久而久之，我便成為全港數一數二的古幣收藏家，其中唐代的大錢幣系列，包括「乾元重寶」當二百、當百、當五十、當十；「得壹元寶」當百、當五十、瑞雀當百、瑞雀當五十、祥雲當百、當五十；「順天元寶」當百、當五十、瑞雀當百、瑞雀當五十、祥雲當百、祥雲當五十，一共十六款，世上有齊整套的也許只有我一人。

這套錢幣的珍貴之處，在於「得壹元寶」其實是唐朝發起安史之亂的平盧節度使史思明，在七五九年於洛陽燒毀銅佛後，用所得的銅鑄造而成的錢幣。據《新唐書・食貨志》記載，這錢幣直徑一寸四分，即約三點五厘米，背面刻上「當百」的便可當作一百文錢，「當五十」則可當作五十文錢，另有瑞雀、祥雲款式。後來史思明認為「得壹」二字意頭不吉，於是改為鑄造「順天元寶」，同樣可以一當百，在當時屬於大額的錢幣，卻引來物價飛漲，唐朝貨幣大幅貶值，人民怨聲載道。正所謂物以罕為貴，「得壹元寶」流通量極少，民間因此流傳「順天易得、得壹難尋」一句，偏偏一千多年後的我，仍有幸集齊一整套，實屬幸運。

之不過，這門收集的玩意，看來只是跟着錢譜，搜購別人已發現和記錄下來的古錢幣，對我來說沒甚麼意思。就像當年恩師任國榮鑽研分類學多年，其成就也在於發現未被人類記錄的鳥類品種。因此，人有的我固然要有，別人沒有的我也想擁有，數十年日子有功，如今罕有的錢幣我已集齊超過九成，當中有不少尚未被錢譜紀錄，算是為古錢幣收藏界，增補了某些歷史的空白。

我手上的三萬枚古錢幣，可供一賞的實在太多，如今只精選當中幾個，載於此書，望公諸同好。

漢五銖

漢武帝元狩五年（公元前一一八年）開始鑄造，重五銖，是兩漢時期唯一的合法貨幣，到唐朝武德四年（公元六二一年）才被廢止，當中歷經超過十個王朝或政權，流通量超過二千八百億枚，是中國史上數量最多，而且流通時間最長的錢幣。

唐開元通寶

唐高祖武德四年（六二一年）開始鑄造，用以取代五銖錢的貨幣，是中國史上首個不以重量命名的貨幣。「開元通寶」每枚重一錢，即三點七三克，十枚等於一兩。幣上的「開元通寶」四字由書法家歐陽詢[4]所寫，是唐代流通時間最長的錢幣。

4 歐陽詢是隋代末年、唐代初年的官員，亦是書法家，其書法風格初期師承王羲之父子，後來自成一家，世稱「歐體」。

唐得壹元寶

唐肅宗乾元二年（七五九年），「安史之亂」首腦之一史思明於洛陽燒毀銅佛後，用所得的銅鑄造而成的錢幣。由於流通量少，極為罕有。

遼國天朝萬順

遼國的第六任皇帝遼聖宗耶律隆緒，即位後將年號定為統和（九八三至一〇一二年），並將遼國改名為契丹。幣上「天朝萬順」四個字，以公元九二〇年才創立的契丹文寫成，第一枚二〇〇五年在內蒙古滿都拉出土，是中國最早被發現的少數民族文字錢幣。

西夏福聖寶錢

西夏第二位皇帝夏毅宗一歲便繼承皇位，至二十一歲去世期間（一〇四七至一〇六八年），共用了五個年號，福聖是第三個（一〇五三至一〇五六年）。福聖寶錢在這幾年間以青銅鑄造，流通量同樣不多，幣的正面是西夏文，雖然風格粗獷，但形體工整。

西王賞功錢幣

明代末期，作反自封西王的張獻忠鑄造的賞功銀幣，他身亡後，此幣即變為賊錢，極為罕有，現值十多萬港元。

清嘉慶通寶

清朝嘉慶年間（一七九六至一八二〇年）鑄造，以貼金作外飾，是皇帝用來送給參加宮中慶典的達官貴人，以及大臣的紀念品，極之罕有。我在二〇一一年底才有幸覓得此錢幣，之後便隨身放在腰間，隨時拿來鑑賞。

晚清太平天國銅錢

清朝咸豐三年（一八五三年），洪秀全率領反清的太平天國軍起義成功，攻下六百多個城市，選在天京（現今的南京）定都，並在往後的十一年間鑄造太平天國錢幣，直至清朝派兵光復失地之後，此錢幣便淪為賊錢，流傳至今卻又因這段歷史而升價十倍。

5.2 收藏家之路

多得古錢幣，讓我進入古董收藏的世界，浸淫日久，興趣便愈益濃烈。到了一九八三年，我的收藏興趣已擴闊至玉器、銅鏡、陶瓷、銅器、硯台和水墨畫。適逢七十年代港股暢旺，催生了一班有錢人成為收藏家，加上一九七六年「文革」結束，國內開放文物交易市場，大量文物因此經民間交易和走私的渠道流入香港。

往後的二十年，香港藉着她的地理優勢及歷史淵源，順理成章地成為中國文物的交易和集散地，而摩羅街、荷李活道[1]就是古董買賣的黃金交易地點，高峰期古董店有多達三百多間，成為我搜羅心頭好的熱點。

不過，每一類古董收藏都有它的學問，要懂得分辨真假及準確鑑定它們的價值，必先要有很好的文物知識和素養，而中文大學的新亞圖書館，就如一本偌大的百科全書，內有很多有關古代玉器、陶瓷的藏書，讓我能夠自學。後來，我甚至用了十年時間，將圖書館內的文物藏書幾乎都看了一遍，並加以歸納分

1　荷李活道於一八四四年開通，當時的港人開始變賣玉器和古董給外國人。到了一九四九年，國民政府撤離，仇焱之、郭葆昌的兒子郭昭駿等資本家和古董商人紛紛南下香港，經營古董買賣業務，其後古董店愈開愈多，直至一九九五年，國內亦興起藝術品拍賣，並且開始管制文物出口，走私活動大大減少，荷李活道的古董市場便開始步向式微。

析，從中發現不同朝代的銅、瓷和玉器，都有不同的鑄造技術、潮流和獨特之處，只需加以利用，便可以很快及準確地確定每件文物的朝代。這套簡易定代法後來成為了我的獨門之法，助我覓得不少心頭好。

除了書中自有黃金屋，當年的中大中國文化研究所文物館內，亦有不少中國一流的考古和文物訪問學者，而我更有幸師承館長林業強教授[2]，跟他一起切磋交流文物鑑定的心得。林館長對中國古陶瓷、古代工藝及碑刻拓本有深入研究，他曾跟我說，若要在收藏界獨當一面，應收藏每類文物的一整個系列，按不同朝代分類，逐一儲齊每個朝代的特色花樣和紋理，縱向、橫向地反映歷史源流。

林館長的觀點在那個年代並非主流，事關古董自古都是富豪的玩意，他們會花大量資本收藏和炒賣明、清代品相完美的珍品，相反鏽漬斑斑的遠古文物，他們則不太感興趣。我自問無龐大財力與大收藏家角力，只好人棄我取，收藏那些他們不感興趣的遠古文物，並且深入研究，務求做到比古董店老闆和專家都在行，這樣我便能低價買得罕有的文物，在收藏界佔一席位。

正因如此，當八十年代人人爭相收藏瓷器、玉器和明、清代傢俬等貴價古董，我反而獨愛收藏銅鏡。在我收藏的三百多塊銅鏡中，最古老的是有三千多

2 林業強教授畢業於倫敦大學亞非學院，一九七三年加入香港中文大學，其後出任文物館館長及藝術系名譽副教授，專門研究陶瓷器、碑刻法帖、明清工藝品，以及古文物鑑定與科技分析。

年歷史的殷商銅鏡，鏡面上滿佈青銅鏽漬，周邊還有些缺口，即使外觀破損，卻甚具特色，價錢亦比品相完美的低一半[3]，身價絕少超過一萬港元。

不過，正如學海無涯生有涯，古董無盡銀根卻有限，以有限追無限，同樣也「殆已」，所以要正式成為一個古董收藏家，知識以外，首要學懂的就是如何討價還價，箇中的伎倆並非純粹口舌之辯，而是一場無形的博弈。

舉個例，隨着收藏愈來愈多，人自然會較揀擇，所以我會定期編寫一張心頭好清單，好讓我在古董店時按「單」索驥。不過，這張清單我從來也不會公諸同好，更不會給古董店老闆直接替我搜羅，道理就如你看中一個寫上自己生日或結婚紀念日的車牌，這車牌號碼對其他人來說也許意義不大，但一旦車牌的擁有人知道了這號碼對你意義重大，必然會坐地起價。正因如此，每當我覓得心頭好，必定會裝作毫不興奮，再即場找幾件雞肋藏品，湊在一起結賬。

記得有一次，我在古董店內三十多枚宋徽宗崇寧年間（一一〇二至一一〇六年）鑄造的「崇寧通寶」錢幣中，找到一枚寫上「崇甯通寶」的異體版銅幣，字體清秀骨瘦，關於這個異體版銅幣的起源，背後有段古。有說「崇寧通寶」錢幣由徽宗親筆以瘦金體書法所書，而異體版的「崇甯通寶」則由北宋的四任宰相兼大貪官蔡京所寫。他寫「崇甯通寶」四個大字時，特意將「崇」字內的

3 二〇一一年北京保利秋季拍賣曾拍賣一百五十多件銅鏡，最終只有約四十件成交，最高成交價逾九百萬元人民幣，是品相完美的東漢四乳神獸鏡。

「山」和「宗」，以豎筆上下貫通，「寧」字則寫成異體字「甯」，被時人指責他「有意破宋，無心寧國，別有用心」[4]。

這個傳說在古錢幣收藏界雖有流傳，但從未有人真正看過這枚異體版銅幣，那次讓我有幸得見，當然想要據為己有，兩款錢幣我各買了一枚，結賬時故意遮掩，結果成功以低價購入，免被抬價。

上一節跟大家分享了部分錢幣收藏，這一節便跟大家分享「崇甯通寶」和我的部分銅鏡藏品，這些收藏我在二〇一七年贈予香港中文大學文物館，並在展覽中展出[5]。

4　此傳說至今來源已不可考，即使麥繼強教授覓得此錢幣，亦無法引證此傳說的真偽。

5　有關展覽於二〇一七年八月二日至九月十七日舉行，展覽名為「方圓天地：麥氏贈鏡」，麥繼強教授一共捐出三十五面古銅鏡，大部分屬於宋、元、明、清四個朝代，最早的藏品可追溯至戰國及西漢時期。

宋崇甯通寶

宋徽宗崇寧年間（一一〇二至一一〇六年）鑄造的「崇寧通寶」（上）及「崇甯通寶」（下）。

金代雙魚鏡

金代（一一一五至一二三四年）雙魚鏡的鏡緣闊大，內裏以淺浮雕的方法刻上兩條鯉魚，四周被水波紋包圍，魚尾部分扭曲，形態甚具動感。類似的銅鏡收藏遍及中國各地，大多出土於中國東北吉林、黑龍江等地，即金國的國土一帶。

「湖州石家念二叔」反文花鳥鏡

北宋（九六〇至一二七九年）的菱花形銅鏡，上有象徵長壽的仙鶴、象徵節氣的竹樹，以及象徵堅毅長久的石頭，鏡鈕上方則反轉刻有「湖州石家，念二叔照子」[6]兩行字。

星辰後天八卦鏡

此鏡流行於唐代晚期至宋代期間共四個世紀，鈕座有八個乳釘，加上鏡鈕共九個，外面一層排列後天八卦，最外則是一些有別於當代廿八宿的星象，有可能是失傳道教支派的神秘星象。

6 湖州石家乃北宋中晚期的鑄鏡名家，而「念二叔」即排行二十二的鑄鏡工匠，排行「叔」字輩，上有「父王」，下則有「郎」及「孫男」等輩，全句九個字代表此鏡出自湖州石家二十二叔之手，其他同系作品，這九個字大部分為正文，並無反轉。

5.3

古物的歸宿

花了半生收藏，如今我已收藏了超過九成的古錢幣和銅鏡，而瓷器我亦有沾手，由唐代的沙窰和陶瓷、甘肅的彩陶、商周戰國漢古陶、晉代的青瓷、遼代的陶瓷，以至是中國各處的窰口碗碟都是我的收藏目標。此外，還有大堆硯台和印章等冷門古物，我皆藏有整個系列，這可算是我在古董收藏方面，鑽研幾十年的一項小成就，當中唐代的長沙窰收藏，絕對不得不提。

唐代（公元六一八至九〇七年）是中國陶瓷文化的高峰時代，當中以長沙窰陶瓷最具特色，在工藝技術上屢有創新，形相和風格多樣，而且行銷東南亞、中東至非洲，融合了中國和西方的藝術元素，可反映出當時海上絲綢之路的經濟和文化交流，絕對值得研究。

在二〇一六年，我就曾捐出八十多件在九十年代初期收集的唐代長沙窰陶瓷，給中大的善衡學院展出。這些展品以燒製青瓷為主，花樣和色彩變化豐富，從中可看出唐代人的生活習慣。如那時的酒壺多帶有花鳥紋飾，而且多繪製在壺嘴下方，有別於以往其他時期，由此可推斷唐代以前的人喜歡席地而坐，酒壺多置於地面，紋飾自然集中在器物的上部，直至唐代，當時的人開始使用家具，將酒壺放在桌上，欣賞的角度亦因此有所改變。

此外，長沙窰出產的酒壺有「五角流」，即出水口部分並不是圓形，而是呈五角形，而且把手的變化頗多，別有唐代的風格。唐代的陶瓷工匠還喜歡模仿金銀器，在陶瓷的駁口處加上壓線，做出急促的曲度變化，模仿金銀器的感覺，拿上手異常輕身，外表和質地卻像金銀器，可見唐代的生活富庶，民間的生活品亦追求華麗。

從古董中窺探過去，回顧歷史，箇中趣味盎然，但要收藏陶瓷，花費絕不低。若不懂行情，別人在拍賣行用來買一隻清代古碗的錢，便足夠我買一整個系列的瓷器，就像一隻唐代的陶獅子，我在八十年代於古董店買入，也不過幾百元。

之不過，拍賣行其實也是尋寶的地方，是古董內行人跟外行人角力的地方。需知道古董內行人其實很少，而且大部分古董專家都只精於辨別特定類別或朝代的古董，因此每次的拍賣品之中，有大部分都不是專家的心水或敢出高價的，而尋好貨的機會就在此中尋。

拍賣場的特點是，每一件拍賣品都有一個底價，本身高底價的多是公認稀有或很出名的古董藏品，而且一定是真品，這類拍賣品大多都會落入有財有勢的收藏家手中，亦不是我杯茶。

另一類底價較低的拍賣品，通常都不是古董收藏界熱門收藏的項目，亦未必有專家確定真偽和出處，因此感興趣的買家通常不多，成交價亦不會太高，甚至會以底價成交。

最後一類則是無底價或底價極低的拍賣品，若賣家和拍賣行的專家都不知道藏品的真偽及未能定價，往往就會以無底價拍賣，讓買家自行為投得的拍賣品真偽負責。可想而知，只有有能力確定拍賣品是真品的專家才會對這類拍賣品感興趣，而成交價往往會貼近底價。

正因如此，要在拍賣場內以低價買到心頭好，自己一定要成為懂得鑑定所收藏古董的特點、真偽及熟知市價行情的專家，無底價的拍賣品則是首要搜獵的目標，其次則是低底價的拍賣品，若遇見好貨便叫價高一點，讓其他外行的競爭對手不敢跟着叫價。

當年，香港幾乎每星期都有大大小小的拍賣會，每次拍賣都要先做足功課，物色最少十件、八件目標，由於潛在買家也許很多，若最後十中能有一件入手，便已算好成績了。除了在拍賣場入手，我在其他地方所買的藏品大多在大型的考古遺址或古墓中出土，絕大部分是真品，能省卻我不少鑑證的工夫。

我在童年和求學時代，非常熱衷於製作花鳥蟲魚的標本，練習的日子有久，自問縫黏拼砌的手工並不差，所以有時遇着有彩陶碎成了五十塊殘件，古董店棄之不可惜，我便通通撿回家，當成砌圖遊戲，花上幾個假日，拼拼砌砌將之還原，就像現今北京故宮文物醫院內的復修專家一樣，過程中又別有一番樂趣。

砌成的縫合品當然不會有重大的炒賣、投資或收藏價值，但卻讓我用很低的資本，得以欣賞和收藏不同朝代的古董。到了二千年後，我更陸續將這些縫合古董捐或借給全國不同大學和圖書館展出。正正因為這些古董不值錢，所以展覽的保險費可省下一大筆，我亦不用心掛掛藏品的保安問題，同時可收宣傳教育之效，可算是一大妙舉。

如今，香港浸會大學、香港科技大學、香港大學、香港城市大學、澳門大學、香港中文大學的崇基學院、新亞書院、善衡書院、逸夫書院，以及香港教育大學（前身為香港教育學院）的圖書館及校園，都有存放或展出我捐出的文物，而幾乎每次捐贈，獲贈的機構都會找專人分析藏品，寫成書出版，收教育之效。

在我所收藏的近十萬件古董之中，捐出去的雖只佔一小部分，但有鑑我已達古稀之年，終歸也得為這些收藏尋覓一個好歸宿，既然兩個女兒皆無意接手，將之捐出何嘗又不是一件造福社會和後世的美事？

雙螭虎璧

對稱的雙螭虎雕在玉璧之上，當中的螭虎口中沒含靈芝，因此可斷定並非出自明代，而螭虎頭在玉孔之中，相信並非出自漢代，而是宋或元代之物，玉身一半用黑玉，或是和闐玉。

飛天

出自隋唐五代時期（五八一至九六〇年），形象像有神仙在飛，憑其衣着應來自印度，其背上有絲帶飄逸，右手持有佛教法器。

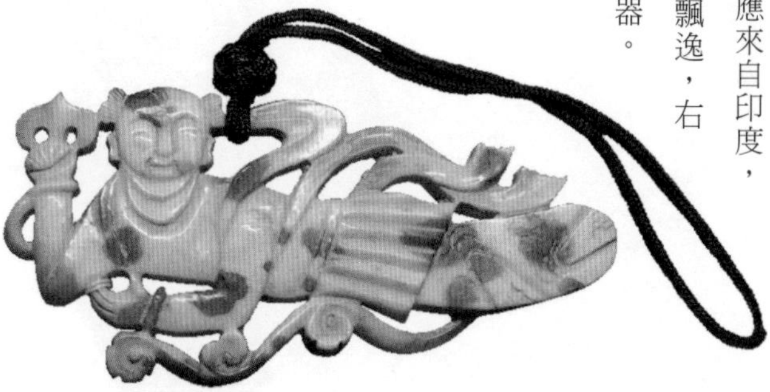

雙龍玦

相信是魏晉南北朝時期（二二〇至五八九年）之物，龍頭的形態抽象，似出自漢代，但龍鱗甲上的陰線像出自唐代。

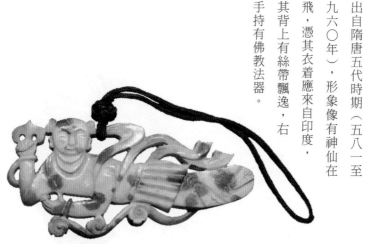

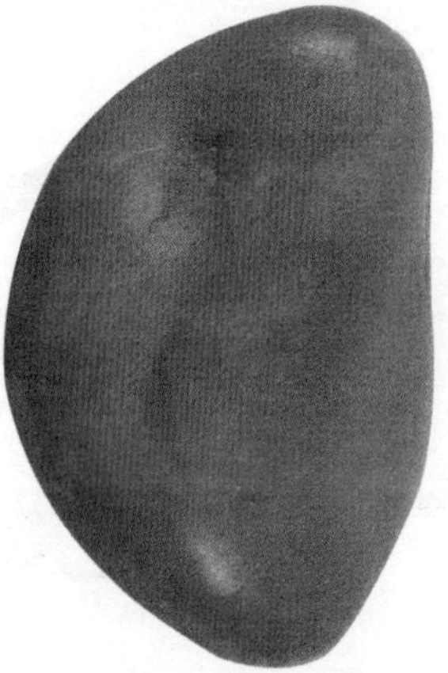

和闐玉

此和闐玉上有罕有的褐紅色皮，而且跟青色玉身混為一體，是我的一大心頭好。

三螭虎玉

戰國晚期的玉器開始出現螭虎圖案，到漢代非常盛行。此玉上三條螭虎互相纏繞，只見頭尾，而不見四足，形態抽象，藝術感十足。

白玉香囊

清代流行在身上掛香囊，而當中以玉香囊最為珍貴，此香囊開口在下方，格仔花紋精細光亮。

漢代玉舞人

這類以跳舞中的人為形象製成的玉器早在戰國時期已出現，而到了漢代，玉舞人在貴族婦女的佩飾中盛行，並成為漢代最具特色的玉佩飾。

後記

麥氏格言

人生匆匆，霎眼過了八十餘年，如今驀然回首，走過的路頗遠，留下的腳印也不少，回顧人生得失，慶幸得比失的多。

自我取得博士學位回流後執起教鞭，三十多年來作育英才，手下幫助過百名學生遠赴海外深造，踏上科研之路，這算是我人生的最大成就。此外，能娶得賢妻愛華，與愛女令琴和令珊共締美好家庭，幸福無憂地生活，也是我的人生美事。如今得以為人生的經歷與歷練，總結寫成一本書，也好讓我好好思索影響自己一生的思想與價值觀，並在此跟大家分享。

先祖康有為留給女兒的家訓「不為人世所囿」，世代相傳，傳至我這一代，也一直奉為圭臬，成為我面對人生好幾次磨難與抉擇時的座右銘，久而久之，更讓我悟出自己的一套處世價值。

人棄我取

想當年放棄入讀人人趨之若鶩的崇基生物系，而選擇剛剛創校，資源缺乏的浸會書院，即使人人笑我太瘋癲，我也依然故我。這並非因為我非要不為世所囿而行不可，而是因為我看到這選擇背後的機遇與價值。在浸會書院讀生物，競爭少，且有名師任國榮教授執教，只要自己肯努力拚搏，得到的絕對會比在崇基生物系的多。這「人棄我取」的道理，在我過去的八十年，可謂百試百靈。

愛徒徐立之當年只得三級榮譽畢業，我偏偏力排眾議收他做研究生，也是因為我看出他對科研的熱誠，事實亦證明，我的選擇沒有錯；在股壇對着大升市，當人人都買藍籌，我則偏偏選擇投資風險高的仙股，雖然期間交了不少學費，但最終也大賺收場。

除了看出背後的價值和機遇，「人棄我取」這道理背後，也出於一份自知之明。就如在古董收藏方面，人人揮金如土搜羅明、清代的貴價古董，我則選擇入手便宜上百倍的古代銅器，事關我自問資金有限，無法與富豪相比，選擇另闢蹊徑，也不無道理。這又正如我當年不選擇在美國投身教育，而選擇回流香港加入中文大學一樣，俗語所云：「寧為雞口，無為牛後。」也是同樣道理。

凡值得做的事都值得做好

由此可見，我雖主張「人棄我取」，但也非人棄之我皆取之，背後總要有回報、投資的價值或機遇，於是乎，要獨具慧眼，找出身邊人、事、物的潛質與潛力，再加以培養，便是箇中的一大學問。

經過我的多年試驗，上天總是會優待找對方法，而又勤力的人，所以當我對着一心想要到外國升學的貧苦學生，我雖有一套成就他們，而又行之有效的方法，但在我決定收有潛質的學生做研究生之前，我定必告知他們一點：「要成功，就要朝着目標拚老命，就像一隻老虎狗（Bulldog）看見獵物一樣，咬住不放，有這樣的精神與毅力，你才會成功。」

至於我，當然也是一隻老虎狗，曾經為了取得博士學位而拚命讀書，考取獎學金，而皇天總不負有心人。到我多年後投身股壇，試過損手收場，這份鬥心又再燃起，驅使我研究股市圖表，預測大市，最終也讓我一次又一次成為股壇小神算。這份「老虎狗精神」，後來我用了一句名人諺語代替：「Whatever is worth doing, at all is worth doing well.」[1]，中文譯作「凡值得做的事都值得做好。」

這一句諺語的精妙之處，在於它總結了「人棄我取」跟「老虎狗精神」的

1 出自十八世紀英國國務大臣蔡斯菲爾德伯爵四世（Philip Stanhope, 4th Earl of Chesterfield），他既是一名政治家，亦是一名語言學家。

精髓之處：先看出事物的價值，認為值得去做，就別給自己藉口，拚命去做好它。八十年代，我初初踏上古董收藏之路，就選擇了極少人收藏的古代銅、瓷、玉器，以填補歷史空白為目標。為此，我花了十多年時間鑽研箇中學問，直至我比古董店的老闆還要在行，手上的收藏才愈加豐富，讓我得以成為香港薄有名氣的收藏家。

人生是面鏡

上天對凡人的公平之處，除了努力必有回報，最重要莫過於為每個人的人生設限。壽元有限，資質亦有限，需知道十指有長短，每個人亦各有優點和缺點，人生在世，從沒有永遠的勝利，而每次的挫敗與經驗，都是對照自己優劣的機會。

要力數缺點，第一我自問記性不太好，這不單有礙學習，亦是我取得博士學位的一大阻力。為此，多年來我建立了一套專屬的記事系統，將生活瑣事、學習筆記、教學重點全都以筆墨記下。朗讀宋詞，則讓我悟出中國語言之中的節奏與律調，方便我背誦。到我之後成為老師，面對每屆數十位的新學生，我亦發明將他們的學生照都貼在廁所門後，每次出恭就複習一遍，即使之後淪為同事和學生之間的笑柄，但這方法對我卻行之有效。

此外，回想起初回流，在新亞書院生物系執教，未幾即當上系主任，主責與崇基生物系的合併事宜，籌謀數年，見過不少人事鬥爭，我亦自知不是一個交際及處事手腕圓滑的人。於是，我花了不少心力與同事相處，避免不必要的衝突，同時盡量公平分配教學資源，如當年我提出設立儀器室，用來放置新購買的實驗室設備，供所有教師使用，就平息了不少不必要的紛爭。

人有缺點，問題不在於多少，而是在於大家如何找方法面對，這道理若放諸處理人生大小事之上，理應沒有甚麼事能難倒大家。

二〇〇〇年，當選浸會大學傑出校友。

附錄一
學生絮語

我的恩師先生——徐立之

——一九七二，動物學理學士；一九七四，生物哲學碩士

創新、創意、與別不同、非傳統、用不一般的方法處理一些不明確之事，都是麥繼強先生的特長，也是我們常常教下一代學生做人處事的大道理。先生，是中國文化裏學生尊重老師的稱呼，連女性也稱呼為先生，乃新亞書院生物系的傳統。

我是第一位在香港中文大學麥繼強先生的指導下，拿到碩士學位的學生。那是一九七四年的事，但是我大學畢業時是三級榮譽生，許多人都奇怪麥先生為何會挑選我成為他的研究生，而研究院又怎會放過我呢？

回想我應考生物化學學位考試的那一天，麥先生出了一道題，列出一堆實驗結果，命考生嘗試分析原材料脫氧核糖核酸（DNA）的排列，以及製造成的蛋白質胺基酸序列，從中找出幾個遺傳密碼的答案。那些數據都是虛擬的，如分析正確，得出的答案會跟書本中的遺傳密碼不一樣，但是我的同班同學幾乎全都把他們從教科書中背好的寫下做答案，結果當然沒有答對題目。至於我怎樣回答，在此就不用說了。不過，麥先生從沒說過他是否因此認定我是當他研究生的材料。

究竟麥先生是怎樣選研究生的？眾說不一，大部分人都相信他是從生物系冬季露營的營長中挑選的。的確，我做過營長，但很少人聽過，麥先生其實說過挑選學生的準則是：挑高大的。汪大建和我是麥先生的頭兩名研究生，大建有多「大件」，自是不用多說，後來的吳麗霞、翟建富等，都長得比一般人高大，但他們都沒有當過營長！可是，麥先生當時的具體邏輯是甚麼，我倒不記得了。

至於我怎樣通過研究院，順利獲錄取，則是鮮有人知的秘密。麥先生固然花了很大的心力，不過我的運氣是主要的因素。不說不知，麥先生當時的首選另有他人，那是一位一級榮譽生，如果他當時答應成為麥先生的研究生的話，我獲錄取的機會就恐怕是零了。幸好那位同學另有打算，其他的就是所謂「都是歷史」。

麥先生有很多無師自通的怪招，其中包括宋詞朗誦、股票投資、網球絕殺、收集銅鏡、買破古董等等，相信大家都耳熟能詳。不過有一件事，麥先生自己不做，卻叮囑每位出外深造的男同學都必須做，那就是學會剪頭髮，好讓我們身在外地，也不須找理髮師，可以省掉不少錢。

其實，男同學互相剪髮是農圃道時代新亞生物系的傳統，後來才輾轉成為麥先生名下學生的生招牌。不過，麥先生道明要同學能替自己剪髮，如此要求，我就可說是他比較高招了。因為我自從在農圃道第一次，成為另一位同學練習的犧牲品之後，就開始替自己剪髮，並維持了逾三十年，直至二〇〇二年，我回港工作才停止。

一九九二年，中大頒授我一個榮譽博士學位，麥先生可能比我還要高興。他把我們的合照掛在 G96 實驗室[1]最當眼的地方。他更自比吳大猷[2]，需知道吳先生當年的兩位西南聯合大學學生是諾貝爾得主楊振寧和李政道！麥先生對我的期望實在太高了。不過，後來我當上香港大學校長，現在又是港科院創院院長，我想對麥先生來說，也算是個安慰獎，而我也可以交差了吧！

最後，雖然我覺得我跟麥先生有不少相似的地方，尤其是在創新創意方面，但是這些很可能都是跟隨他多年潛移默化的結果。所以，我在此必須要說一句：「麥先生，感謝你！」

徐立之

1　徐立之教授在中大就讀研究生的年代，麥繼強教授的實驗室位於中大本部科學館的一樓，後來才搬到 G96 室。

2　吳大猷（一九〇七至二〇〇〇年）是中國著名物理學家，曾於西南聯合大學任教，有「中國物理學之父」之稱。

啟導人生的教練——邵鵬柱

一九八一，生物學理學士；
一九八三，生物哲學碩士

我於一九七八年一年班下學期加入麥教授的 G96 實驗室。實驗室的成員都稱麥教授為麥先生或麥老師，這稱呼令師生之間多了一份親切感和傳統之風。因此，我也跟着叫他麥老師。有一天，麥老師叫我到他的辦公室，並向我提議了幾個研究項目，其中一個是考察飼養紅蟲的方法。

在我們唸中學和大學的年代，不似現在有各種各樣的動物飼料，餵飼觀賞魚多是用紅蟲。在旺角金魚街，總會看到店家放了一盤盤血紅色、正在蠕蠕而動的紅蟲。只需付上一元數角，商販便會用匙羹舀起一、兩羹紅蟲，放進塑膠袋內讓顧客帶回家。我見這項目有趣，便選擇了這個課題。

如何進行這項研究，可不是本文的重點。我想指出的是，麥老師是一個分子生物學家，專門研究噬菌體的機理。他卻想出一個不是他專長的項目，可見他觸角敏銳。

跟麥老師相處久了，知道他除學術以外，還有多方面的喜好。早期他嗜養蘭花和蕨類植物，及後又專注打網球、股票投資和古玩收藏，後者更包括古錢、陶器、銅鏡、墨硯等。麥老師說他購買古玩的費用，都是從投資得來的，可見他的投資技巧已達到專業水平。前些年，他還不時發表投資報告，不少同事也向他索取「貼士」。

麥老師的其他興趣，也達到專家的水準。我還記得他早年曾在種植蕨類植物的比賽中獲獎。他在網球場上，也屢屢獲獎。他也曾多次獲邀展出各種古玩珍藏，近月中文大學善衡書院還為他展出珍藏的墨硯。

麥老師對事物有深入研究，且自我要求做到最好。他勉誡我要有事事爭先的處事態度。在古董收藏上，要對所好的收藏有深入的認識，這樣才不會輕易受商販所騙，而且可能會獲得物超所值的藏品。

麥老師指導學生，是提綱挈領式的。他給學生一個方向後，便給予學生很大的自由去自行摸索和發揮。實驗室的師兄師姐，都是有想法和多才多藝的。我通過跟各人討論和交流，亦因此獲益不少。在G96實驗室內，我學會做事要有高度的主動性，對不同事物都涉獵一些認識和意見。這對我之後往英國留學，適應當地的工作和生活，有很大的幫助。

我在麥老師實驗室，除了培養我對分子生物學的興趣，以及學會了相關的研究技術外，也在麥老師的薰陶下，提高了對事物的好奇心，瞭解到凡事若深入探究，持之以恒，終歸會發現新的天地。

時光飛逝，不經不覺我已從事科研和教育工作三十多年。我在培訓研究生方面，或多或少都吸收了老師的方法。因此，學生都是活潑主動和投入工作的。畢業後，他們在香港和海外不同界別各有成就。在教研外，我也對集郵、蘭花種植等興趣深入鑽研，也算有一得之見。

麥老師除了是我在學術上的啟蒙導師，也影響了我的處事和生活態度。所以說，教育是以生命影響生命，而不是要滿足各種行政指標。在這方面，麥老師是成功的。

謝謝您，麥老師！

——余澤融

一九八一，生物／生物化學理學士；
一九八三，生物哲學碩士

轉眼間，這已是三、四十年前的事了，但麥老師的教導和支持，仍深深地影響着我們這班學生！

在一九七七年，我幸運地考進了中大生物系，那是一個火熱的年代：中國內地的「文化大革命」剛剛結束，香港距離九七回歸只剩下二十年；而在中大，大學四年制改成三年制、三間書院統一等話題正談得熱烘烘。這個年代下的中大學生思潮洶湧、活躍，我們關心校事、港事、研究事和天下事！

身為生物系學生，我們熱心參與學生會、院會和系會的活動。無論在陸運會、水運會、朗誦比賽，抑或是歌唱比賽，我們從不缺席，更經常獲得啦啦隊冠軍。我們樂觀進取，大家常常希望能做得更多、更好！這種積極求學的氛圍是當年大學的老師和學生一同建立和塑造出來的。

在四年本科和兩年研究生的中大求學生涯，有兩件事令我印象特別深刻。第一是每年一度的生物系冬營和學術研究，第二是分子生物學的課堂。這都跟麥老師有着深深的關係。

冬營使我們親身體驗到動植物跟生態環境的關係、營火的溫暖和群體的力量！麥老師是我們冬營的學術研究導師。透過籌辦冬營和生物系會的活動，我常向麥老師請教，期間得到老師的鼓勵、賞識、支持和信任，讓我有幸加入 G96 實驗室。當年實驗室的研究生是馮明釗和周敬泉，他們都是系內最出色的畢業生。同期和稍後加入實驗室的還有邵鵬柱、陳偉傑、胡麗珠、王光國和周敬流同學，這班師兄弟妹之後都成為社會和學界中獨當一面的人才。

我跟隨老師和一班師兄做分子生物學實驗，測量噬菌體 T4、T7 以及 Lambda（λ）在細菌細胞內的一步生長特性（One step growth）。當然，我們亦花了不少光蔭，洗刷過無數的培養皿和移液管，才打下基本功。

除了分子生物學的實驗，在本科修讀四年，麥老師還分配和指導我們進行有關環境和生物的研習，如抽取大埔林村河的河水樣本，測量河水中大腸桿菌的數量，作為標示河域受糞便污染嚴重程度的指標。此外，我們還發起觀察和統計林村河和中大荷花池中，蜻蜓和豆娘的品種和數量，當時共同參與的同學很多，包括有袁振光、李兆偉、蘇東生、趙淑儀、許淑慧、杜妙玲、林有嫻等。麥老師直接或間接在很多同學中留下了足跡和影響，透過多次的田野考察（Field trips），我們養成了一份堅持和勇於克服困難的「冬營精神」。

第二件令我受益很多的是，老師主講的分子生物學，當時採用課本是詹姆斯·華生的 *Molecular Biology of the Gene*。這是一本很精準但很難讀的書，因為課程嶄新且極具挑戰性，所以選修的同學不多。麥老師採用了討論的形式上課，每節課他提出各種有關基因表達的問題，要求我們輪流作答。如果我們沒有事先備課，就很大機會被問到目瞪口呆，狼狽尷尬不堪！多年後回想，我覺得這個課程不但在分子生物學和遺傳學方面，為我奠定良好的基礎，還訓練了我們大膽假設、獨立思考、小心求證的精神，這正是身為學者最基本、最可靠的研究方法。

老師慧眼識學生，培養了一群未來的博士級科技人才。他信任和支持學生，激發學生進取和對科研的興趣和熱情。曾經連續很多年，英聯邦獎學金和裘槎基金會獎學金的得主，都是出自 G96 實驗室的！當然我們之中還有在學界享負盛名的徐立之師兄！願我們這班 G96 實驗室的門生繼續努力，傳承和發揚 G96 的傳統和精神。

在此，我衷心感謝麥老師的指導和鼓勵！祝老師健康快樂！

余澤融

G96 情誼——陳偉傑

一九八二，生物理學士

我是一九七九年加入麥老師的 G96 實驗室的。G96 實驗室裏人才濟濟，有高我一屆的余澤融、邵鵬柱、再高一屆的周敬泉、我們眾人的大師兄馮明釗，還有跟我同屆的胡麗珠等等，不能盡錄。

明釗學長更是我畢業研究（Final Year Project）的導師，當時我所做的研究是關於噬菌體 T7 中細胞溶菌（lysis）的基因。

在 G96 實驗室令我最懷念和感快樂的是，那種兄弟情（Brotherhood）的感覺，我會跟周老泉（周敬泉的花名）之間不是比拚誰喝得最多啤酒，而是比拚誰吃得最多甜筒；我們一班師兄弟還會一起笑談分子生物學。That feeling is forever! 那種感覺我亦從沒忘記。

一九八二年，我到了美國德州的貝勒醫學院（Baylor College of Medicine）深造病毒學，畢業後在冷泉港實驗室（The Cold Spring Harbor Laboratory）[1]做博士後研究生，以及 American Cancer Society Fellow，之後在哥倫比亞大學唸法律，期間我跟麥老師的通訊從沒間斷。

在一九九七至九八年，我到中國內地推行環保項目，老師二話不說助我披甲上陣，在前線擔任指揮，當他留港時有空，還會和我行山頂、香港公園。

我家的老大仰華（一九九八年出生）、老二仰明（二〇〇〇年出生）先後出世，老師更帶他倆參觀老師的古董收藏展，讓他們親身接觸中國文化。不過，這兩個小孩子對老師最念念不忘的，始終是他的那把蝦餃鬚。

我在二〇〇七至〇八年在香港開展我的法律界事業，老師更是義不容辭，大打人情牌，為我介紹各方人脈，助我拓展兩岸三地的事業。

打從九十年代中，我已從事教學工作，期間我深深明白到，身為老師要面對眾多學生，真的很難逐一個別關顧，扶持他們追求學問、人生與事業。因此，像麥老師這樣的教師實在是非常難得。我們應在他身上多多學習。

陳偉傑

1 位於美國紐約州長島冷泉港的非牟利私人科學研究和教育中心，在分子生物學的研究領域上成果甚豐，曾誕生七位諾貝爾獎得主。

亦師亦友——溫志昌

——一九八二，生物化學理學士；一九八四，生物化學哲學碩士

首次跟老師結緣已是四十年前的事了。那年我剛剛入讀中文大學生物化學系，大學一年級時生物是必修科。老師則開堂講課，講解各種微生物，教曉我原來細菌會受寄生物感染。對於當時只是本科生的我來說，又怎會知道生活在人體大腸內的細菌寄生物，竟是遺傳工程生物技術史上的重要生物？

他當時預言遺傳工程學是重要的發展學科，而他的實驗室正開始相關的研究，並致力培育學生發展這方面的潛能。結果證明他眼光準確，在他的教鞭下成才的學生，不少日後皆成為傑出的分子遺傳工程學專家。

再次跟老師結緣是十多年後，我受聘於中文大學生物化學系出任助理教授之時。老師雖然是生物系老師，但經常跟生化系的同事午餐聚會，談笑甚歡，期間讓我有機會了解他多方面的興趣。老師經常會無私地分享他投資的心得，並展示他收藏的玉佩，而老師率直、真誠、隨和的性格更尤其令我佩服。

投資股票上，老師是技術分析學派的信徒，經常因此被同事譏為「間尺學派」，

但他從不因此動怒。他對投資仙股別有一套心得，而他對技術分析的執着和見解，更讓他成功避過幾次大熊市，甚至從中大賺一筆。他另有一廣為人知的興趣，那就是收藏古董文物，藏品既博且專。

第三次跟老師結緣是老師退休後十多年的事。話說幾年前我在一次飯聚中，得知老師希望有系統地整理他家中的古董珍藏。於是我毛遂自薦替老師把收藏多年的陶瓷、銅器和錢幣一一拍照存檔。自始，每個月我都會到老師家中，一起整理文物，跟他交流傾談，話題由收學生準則到大市預測，無所不談。老師對新事物好學不倦，還學會使用智能手機。

老師桃李滿門，極受學生愛戴。這幾年跟老師交流，常有所啟發和感悟。老師觀人於微，常提醒我收研究生時要以學生的品格為重。老師如何慧眼識徐立之師兄，提拔他成為名下第一個研究生，是老師津津樂道的故事。他真心關懷學生的學業前途，親自籌謀為學生尋找升學出路。他的嫡系學生很多都學有所成，德才兼備，一切有賴他教導有方。

老師特立獨行，從學術研究、投資股票到古董收藏，他都從不跟風，更常戲言遇有人多的地方切勿「埋堆」。他的收藏品雖不是稀世奇珍，但都是很有系統地收集和極具承傳價值的文物。由長沙窰、晉青陶瓷、秦漢時期的匈奴青銅兵器、銅鏡、墨硯到唐朝安史之亂時期的「得壹錢幣」，老師都深入研究，有條理地加上註解。

老師謙厚大度，若遇到知音人，他可以健談數小時而不顯倦容，也從不會因為和對方觀點不同而動氣，本着一顆謙虛之心與人相處。我感恩能跟老師結緣四十載，建立亦師亦友的關係，在此，祝願老師健康長壽，生活愉快。

溫志昌

老師沒有把我放棄

——王光國

一九八四，生物學理學士；
一九八七，生物哲學碩士；
一九九〇，生物哲學博士

我在中大生物系讀一年級時認識麥老師，很快我便體驗到麥老師對學生的熱情，更讓我深深感受到，中大生物系原來是一個大家庭！我參加冬營的那一年，麥老師帶了兩位女兒一起參與。期間，我們除了有機會了解大自然生態，學習做田野研究，還能讓我這個新生跟各級的師兄、師姐互相認識。冬營之後又有新春團拜、四級聯歡晚會等重頭活動，令這個系終年都帶着笑聲，滿載溫馨。

麥老師為這個大家庭實在帶來很多活力、朝氣和歡樂。剛剛開學，麥老師便跟我們一起踢足球，彼此關係打成一片，老師在網球和羽毛球等其他球類上，亦是高手一名，在我眼中老師真是文武全才。老師也會藉參加冬營的機會，物色一些有潛質的學生，到他的實驗室做科學研究，只可惜當時我對科研還沒有太大興趣。

我修讀生物系，其實是希望一年後能轉入醫學院。雖然我一年級生物科的成績尚算不錯，但報考醫學院卻名落孫山。反之，當年生物系有二十多位同學成功轉到醫學院，有些師兄卻以為我都成功轉系。可想而知，當時還是個懵懂少年的我，心情是多麼的失落。我甚至有一刻覺得，一生的夢想好像突然粉碎了。

就在這個既迷茫又失落的時期，麥老師在我二年級開學時對我說：「光國，為甚麼暑假時找不到你？」接着他便道明很希望我可以到他的 G96 實驗室做一些研究。麥老師簡單的幾句話，猶如茫茫大海中的一座小燈塔，即時給了我新的希望和鼓勵。他還說生物系也需要有優秀的學生，不能所有優秀的學生都轉到醫學院。聽罷，我心中非常感動，也感恩麥老師沒有把我放棄，更因此點燃我對科研的興趣。

於是，打從二年級開始，麥老師就讓我在實驗室學習如何做科學研究。老師強調做研究一定要有對照組（Control group），更要有想像力，兼夾有大膽假設、小心求證的態度。我的第一個實驗是利用 T7 噬菌體和大腸桿菌去測試部分中藥的抗病毒性。這個實驗題目對一個二年級學生來說，實在令人覺得新鮮又興奮。

實驗以外，我特別喜愛麥老師主講的分子生物學科，皆因課堂教曉我不少當時最尖端的知識，如基因工程、基因調控等，這對我日後選讀研究院時的研究方向有很大的啟發。我讀四年級時，麥老師正準備到英國深造，學習基因克隆技術。他此行讓我明白到，作為一個科學家，便要有終身學習，時刻走在學術最前線的求知態度，而這亦正正是做科研最吸引我的地方。

我一心以為畢業後可以順利入讀研究院繼續深造，怎料我考學位試時失手，只拿了三級榮譽畢業。看着成績單，我以為我的升學路就此止步，一切皆夢碎。徬徨與失落之際，我突然想起麥老師，於是在一九八四年的六月二十六日，急急地寫了一封信寄給正在英國深造的老師。不料三日後，我就收到麥老師的回信。信中除了談到一些能讓我考入研究院的具體建議，也提到他自己的一些人生經驗。其中，麥老師說到：「至於人生波折，那是常事，要經得起風浪才能出頭。」

讀完這封信之後，我又再次感到老師沒有把我放棄，反而極力鼓勵我，重燃我的鬥心。我跟從他的提議，先在生物系當了一年助教，之後便順利考進中大生物系研究院。幾年後在中大相繼完成了碩士和博士學位，畢業之時，麥老師又鼓勵我再到外國深造，見識外國的學習風氣和思潮。

輾轉二十多年光陰，今天我能有機會在美國德州大學（The University of Texas）的安德森癌症中心（MD Anderson Cancer Center）出任教授，在科研上作出一點點努力，我實在要衷心感激麥老師，感謝他沒有把我放棄。

回眸老師的背影——周敬流

一九八六，生物理學士

在麥老師的自傳中，應是我向老師表示謝意一個很好的機會，因此我便在此說幾句心底話，好讓讀者更能多看到老師的另一面。

從我在大一開始認識麥老師，許多同學都慣了稱呼他做「老麥」。當時我已常聽到許多旁人對老師的諸多誤解，以及種種傳說。在我而言，我對他既敬且畏。

打從入學時面試的第一次見面，到我於一九八二年秋天，到他辦公室面談，他當時並不多言。對於我這個十七歲的黃毛小子，他當天問我的問題，實在令我有點摸不着邊際。簡而言之，他應該是說：「若有一個探索學問的機會，我可有興趣嘗試，又可怕辛苦？」我一心要找個可學習做研究，又不用另交學費的機遇，那又何樂而不為呢？那次見面，便是我踏入一條不歸路的第一步。

在 G96 實驗室中，我認識了好一批啟蒙老師、一班日後變成好友的師兄、姐，包括「老柱」邵鵬柱、人稱「余老融」的余澤融、「珠姐」胡麗珠、王光國、馮明釗等。老師曾告訴我，有甚麼想學的，便問他們好了，學曉與否，便且看我的造化。姑勿論學到多少，反正能嘗試新事物，我自然是不亦樂乎。那刻，試問我又可曾想過，能得到一位老師的信任，讓我在實驗室中胡作非為，舞東弄西？我當年對老師的感激之情，至今未忘。

回想那段日子，我從老杜身上學懂「一步生長曲線」（One step growth curve）；跟余老融討論分子生物學的課題；跟珠姐做鹹蟲（Halobacterium，又名HQ）的實驗；明釗在休假時教我做質粒（Plasmid）的脫氧核糖核酸（DNA）提純（Purification）等，果真獲益良多。不過，想必老師那時也必定是戰戰兢兢，擔心我會弄致G96實驗室失火，於是派各師兄、姐從旁緊密監視。

那段日子令我最難忘的，便是在晚上四處無人的時候，我可以獨自在實驗室內重複嘗試日間失敗了的實驗。這件事老師大概也不知情，而我則可在不用怕因浪費資源而被責罵，也不用擔心在同學面前再失敗會尷尬的環境下，盡情做測試。試問今天又有多少學生能有這樣奢侈的機會呢？老師願意給每個有心向學的學生許多邊闖禍邊學習的機會，這順理成章也成為我今天培訓學生的法門。事關要定斷成與敗，終歸也要看每個學生自己如何把握日後的機會。

記得大一和大二的暑假，老師叫我帶着冰桶，背着數十個咳藥水玻璃瓶，跑遍新界和九龍，到那些甚麼林村河、梧桐河、雙魚河的大小河溪，取水的樣本，檢測大腸桿菌的讀數。有些河流山溪，旁邊有些山寨式工廠和農場的排污出口，這些河溪毋疑被當成了排污渠。我真的有想過，老師是否用這方法要學生攀山涉水，走得大汗淋漓，再探手深入污渠之中，藉此給學生鍛煉？但那時我卻不及細想太多，只是硬着頭皮捱過去。現在回想，這一招倒有它的用處。試問現時的本科生，有多少人能捱過兩、三個這樣的年頭？這大概是麥門用來磨練學生的獨步單方，老師從旁選而拔之，培養成才。捱得過如此數載的學生，也總有些共通的特質和過人之處。雖然他們日後的際遇如何，是各自的造化，不過經歷過麥門磨練法，期間所學卻教一班學生終身受用。

我到美國讀研究院時，和老師只偶有聯絡，接觸較少，故此亦沒有太多趣聞軼事可堪一記，反而從同門明釗、肥仔傑口中，卻能認識到老師鮮有的一面，當中趣事有些，胡扯之事也有些，令我對老師的價值觀和取向有更深入的了解。

我學成回港工作之後，跟老師的相處方式大有不同。大概因為跟留學前相隔了十年歲月，跟老師言談和相處之間總多了些深度；說起在G96實驗室的日子，以及從前的師徒關係，言談間也增添了一點人情味。我們兩師徒有時會論盡中大發生的瑣事，有時會談及跟學生相處時的心得和感受，有時則談談憂心女兒前途的「父親經」。這又令我覺得跟老師的距離接近了許多，交往之間多了一份朋友的親近。

此外，老師亦給我許多事業、學術和投資上的指導。還記得老師會定期送上他的麥氏股票分析評論，每當傳真送到我的辦公室時，身旁總有些同事會湊上頭來，問我是否有內幕「貼士」。對股票學問一竅不通的我，當時只尷尷尬尬地支吾以對，自己亦沒有跟隨老師的「貼士」投資兩手，若當天聽聽老人言，也許今天可以減少不少財政顧慮。

數年前，幾位師兄提議為老師拍攝一輯光碟，紀念老師的生平要事，作為他八十歲壽辰的小禮物。我這個影片製作的門外漢，又因此多了一個了解老師的機會。記得打從二〇一五年秋天起，我便多次隨製作隊跟老師訪問拍攝，期間問了老師許多問題，範疇由他的孩提時代到他晚年享福的日子都一一涉獵。

聽着他細說當年，將成長、教學、投資、成家、育兒的一點一滴娓娓道來，從中不難看出老師往日待人接物的一套。許多從前不明白的事和老師的行徑，瞬間豁然通曉。旁人從前對他的誤解，我亦終於找到答案。我想在這一本自傳中，讀者也定能從中找到一點端倪。

老師畢竟是個傳統的男性，面對家庭的種種轉變，也總得為自己探索一條生存之道。不管工作有多不如意，他仍然以家庭和妻兒放在首位，同時亦不會放棄一些做人的大原則。當中他有多少堅持、有多少退讓，如何得失取捨，正是他的處世之道。

至今，我還記得拍攝時的一些小片段。老師在新亞書院學思樓前慢步走過，一個從前在我眼中的高傲學者，那刻不知不覺變成一個有血有肉、慈祥的老人家；另有一幕，老師拖着師母在新亞路上緩緩走向遠處。看着他們的背影，讓我遽然想起，這不就是老師一生所求嗎？身為學生，我亦希望老師擁有一個幸福家庭，安享晚年，一完他一生的夢想！在此，便送上我的祝福！

周敬流

上司與老師——楊玉燕

——一九九四，生物技術學哲學碩士

我還清楚記得在一九八五年八月的一個早上，我在香港中文大學生物系第一次遇見麥繼強教授。當時他為我提供我在香港的第一份全職工作，就是出任教學助理，在中大本部科學館麥教授的 G96 實驗室內工作。當年，G95 和 G96 兩間實驗室有着緊密聯繫，我們跟關海山教授[1]的研究團隊經常共用設施，而那時的技術員主管是陳永祥先生。

也許，我跟當年很多同學一樣，第一次看見一位臉上有一撮匈牙利式髭子，俗稱「蝦餃鬚」的人時，都相當的震撼。麥教授的髭子修理得異常整齊，極具魅力。說真的，無論是遇到他之前或之後，我都從未遇過一位中國人的造型如他，令我立時聯想到那些戰爭電影中，扮演某列強領袖的角色。除了那撮「蝦餃鬚」，我也察覺到他特別喜歡穿灰色或米色，且富有個人色彩的獵裝。

起初，我只是他實驗室的一名研究助理，直到一九八七年，我便加入新成立的生物技術實驗室。當年，他夥拍生物化學系的何國強教授，一起在實驗室管理委員會共事，而我便幫助麥教授進行有關醇脫氫酶的基因克隆（Gene cloning）研究。

我記得曾跟麥教授一起去解剖學系，借用電子顯微鏡（TEM）來進行一些關於嗜鹽噬菌體（Halophage）的研究。從他身上，我學會了製造瓊脂糖凝膠（Agarose gel）來研究脫氧核糖核酸（DNA），並使用溴化乙錠（Ethidium bromide）在紫外光下觀察質粒。這些分子生物學的基礎研究技術，對我來說都非常新鮮。

麥教授還曾親自示範如何利用氯化銫梯度離心法（Cesium chloride gradient centrifugation），靈活配合針頭和注射器，抽出一層一層的脫氧核糖核酸基因組。這個工序需要在黑房裏，全神貫注地拿着手持式紫外燈來進行，極考工夫。

他還教我如何使用透明導管進行透析（Dialysis），這需要使用橡皮筋將導管固定在微型離心管口上。除此之外，那個年頭，我們還需要徹底清洗及重複用蒸氣，消毒那些黃色和藍色的移液管吸頭，循環再用。瓊脂培養基（Agar）被澆鑄在玻璃培養皿中，我們必須先清除污染物，然後清洗乾淨，放入熱爐中烘乾，過程一絲不苟，但這些小巧工夫一律難不倒麥教授。

每逢星期三，麥教授都會約我們這班助理和一班學生，到中大本部范克廉樓的學生食堂共進午餐，我們稱之為「冰淇淋午餐」，事關每當我們吃過飯，大夥兒便會坐下來各自向麥教授報告手頭上實驗的進展，而麥教授總會自掏腰包，叫其中一個學生到范克廉樓旁的超級市場，買冰淇淋請大家吃。每次冰淇淋一到，學生總會自顧自一言不發地吃着，心裏卻戰戰兢兢，希望不會被麥教授忽發奇想的探索性問題問至目瞪口呆，又或被他發現自己未有做足功課。

久而久之，我們便學會如何觀人於微，一看麥教授的眼神便知他對我們的報告滿意與否，萬一真的惹惱了他，他的面色當真非常可怕，鬍子更會豎起，足以令我們大夥兒即時心跳加速，手心冒汗，只顧低着頭，偷偷的跟旁邊的同學打個眼色，暗叫不妙。

雖然我記不起當年所有學生的名字，但總有幾個學生令我特別深刻，例如當時正在修讀哲學碩士的林漢明[2]，他後來轉隨黃玉山教授[3]學習。同期的還有後來到美國侯斯頓繼續深造的周敬流、人稱「朱仔」的朱啟榮[4]，以及後來去了加拿大留學的馮燕雲（溫蒂）。

那幾年，我也聽聞過有關徐立之、馮明釗和邵鵬柱這三位大師兄兼麥教授膝下高徒的「威水史」。當徐立之教授因成功鑑定囊腫性纖維化的致病基因，而聞名學界之後，麥教授就在 G96 實驗室的牆上掛起他的一張照片。

身為一名教師和導師，我特別敬重麥教授的教學原則。他非常重視如何有效地思考，無論對自己抑或學生的研究都採取尋根究柢的態度，積極鼓勵學生用心觀察，有條理地整理實驗數據和實驗日誌，又喜歡我們在數據旁邊寫下補充說明及簡短評語。當然，麥教授也有不耐煩的時候，尤其是當我們未能清晰及迅速地回應他的時候。他會不時檢查我們的研究進度，當我們需要幫助時，他亦總在我們左右，樂施援手。

一九九〇年，我的身份由一名研究助理，變成麥教授的學生，用了幾年時間以兼讀形式完成了生物技術哲學碩士課程。當年我的校外考官是哈佛大學的著名微生物學教授，麥教授不辭勞苦地做我的軍師，助我加緊排練和準備末期考試，好讓我能在面試中令考官另眼相看。

我畢業後不久，麥教授便退休了，而我則轉至研究分子生物技術有關的項目，我們因此極少聯絡。我也聞說過他退休後還有打網球，亦依舊熱衷於收藏中國古代陶器，時不時也會說說「股市經」。此外，我偶爾也會看到他在中大校園裏駕着他的舊車經過，那架紅色的房車掛着「AZ 9116」的車牌，而他經常說「9116」這組數字是在水平面上，呈一百八十度旋轉對稱（Palindromic sequence）的最佳例子。

楊玉燕

1 關海山教授在一九八四年起任教於香港中文大學，現時為生命科學學院教授、中醫學院名譽教授，以及食品研究中心主任，乃國際菇類生物基礎研究的權威。

2 林漢明教授一九八五年中大生物系畢業，兩年後在中大修畢生物哲學碩士課程，其後加入中大生物系執教，二〇一一年出任生命科學學院教授。

3 黃玉山教授於一九八五至八八年執教於中大生物系，後來轉到香港科技大學執教，之後先後出任香港城市大學及香港科技大學的副校長，現為香港公開大學校長。

4 朱啟榮博士於一九八七年中大生物系畢業，後來於香港大學取得教育博士，於多間中、小學及幼稚園擔任校董，現為中華基督教會協和書院校長。

附錄二

大事年表

一九三五 七月四日生於北京協和醫學院

一九三七 七七盧溝橋事變後，由北京南下廣州定居。

一九三八 廣州失守，與父母移居香港，入住九龍塘雅息士道八號。

一九四二 舉家遷居澳門，先後入讀澳門協和小學和培正小學。

一九四五 由澳門遷回廣州沙面，入讀東山培正小學五年級。

一九四七 母親陳美玉在乘船到香港中途，因被游擊隊襲擊喪生。

一九四九 舉家遷居香港，在粉嶺農屋居住，一年後遷至九龍城寨。

一九五三 入讀香港培正中學二年級

一九五六 香港培正中學瑩社畢業，後入讀浸會書院數理系。

一九六〇 成為浸會書院首屆畢業生，後遠赴美國貝勒大學，攻讀生物系碩士。

一九六一 轉到美國加州大學柏克萊分校，修讀生物化學系博士。

一九六二 獲加州大學頒授生物化學系碩士，並轉至俄勒岡大學旗下的分子生物學研究所修讀生物化學系博士。

一九六五　學成回流香港，加入新亞書院生物系，出任助理講師。
一九六六　升任講師
一九六七　與張愛華結婚
一九六八　大女令琴出生
到日本大阪大學的分子遺傳實驗室出任外訪科學家，為期三個月。
一九七〇　到美國威斯康辛大學麥迪遜分校的 McArdle 實驗室出任訪問副教授，為期一年。
一九七二　次女令珊出生
出任中文大學新亞書院生物系系主任
一九七四　升任高級講師
一九七五　開始收藏古錢幣
一九七六　卸任生物系系主任一職，到美國布魯克黑文國家實驗室。外訪一年，出任高級訪問生物學家。
一九八三　開始收藏銅鏡、玉器和瓷器古董。

一九八四　到英國倫敦帝國學院的生物技術研究所外訪一年，出任訪問學人。

一九八七　升為正教授

一九八九　外訪台北中央研究院旗下的分子生物研究所，出任訪問副教授。

一九九〇　加入香港生物科技研究院出任高級研究員，同時出任研究院管理委員會聯席主席。

一九九五　退休轉為講座教授

一九九六　從中文大學轉至香港教育學院，出任科學和數學系系主任兼首席講師。

一九九七　出任香港教育學院科學系系主任兼首席講師

一九九八　在本地一間環保科技公司出任科學指導

二〇〇〇　夥拍中大杜祖貽教授及十一位學者和專家，共同開展「腦神經科學與教育：中英語文教學研究計劃」。

二〇〇四　獲中大生物系聘任為兼職講師及名譽高級研究員

二〇〇七　正式退休

二〇一五　獲香港浸會大學頒授第二屆「傑出校友獎」

附錄三

家族關係圖

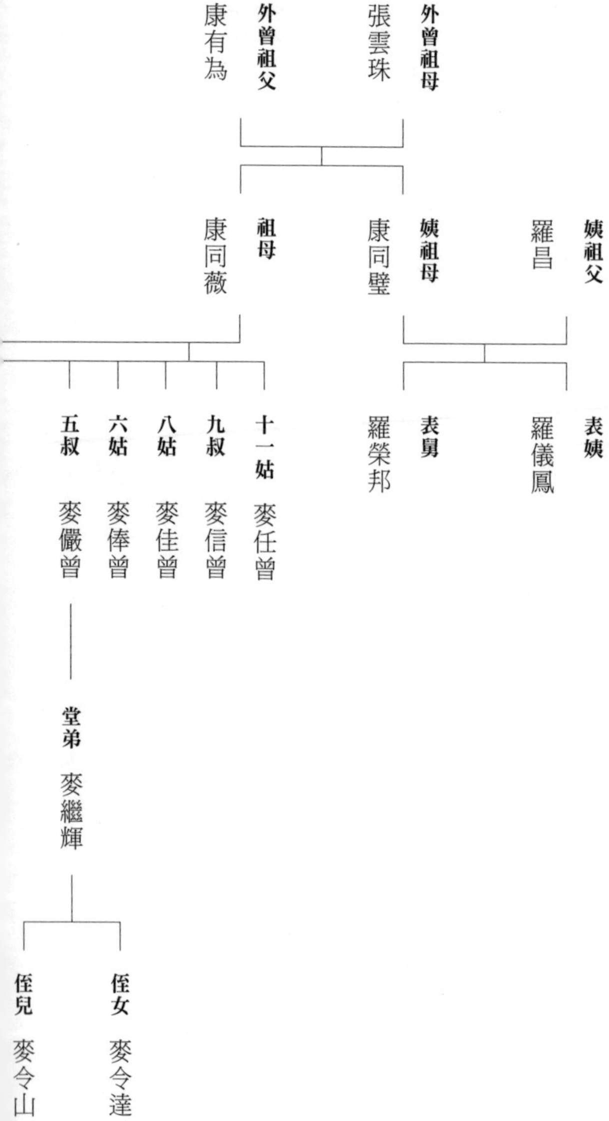

註：家族成員未有盡錄。

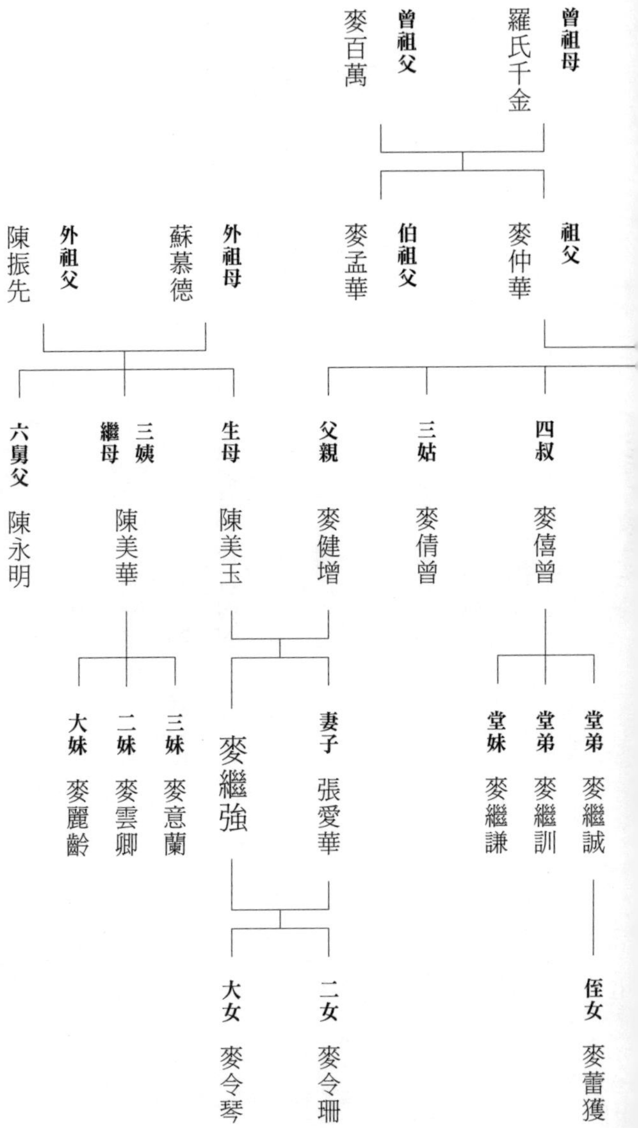
曾祖母 羅氏千金
曾祖父 麥百萬
祖父 麥仲華
伯祖父 麥孟華
外祖母 蘇慕德
外祖父 陳振先
四叔 麥信曾
三姑 麥倩曾
父親 麥健增
生母 陳美玉
三姨 繼母 陳美華
六舅父 陳永明
堂弟 麥繼誠
堂弟 麥繼訓
堂妹 麥繼謙
妻子 張愛華
麥繼強
三妹 麥意蘭
二妹 麥雲卿
大妹 麥麗齡
侄女 麥蕾獲
二女 麥令珊
大女 麥令琴

附錄四

麥氏古董收藏

古錢幣	約三萬枚
銅鏡	三百多件
玉器	一千六百多件
硯台	一百五十三件
長沙窰	八十件
甘肅彩陶	數百件
商周、戰國及漢代古陶瓷	數十件
晉代青瓷	五、六十件
遼代陶瓷	二十多件
明代三彩瓷器	十六件
古代印章	一百多件
窰口碗碟	約二百件

不為人世所囿

——麥繼強自述

作者　麥繼強
編者　劉奕旭
責任編輯　寧礎鋒
書籍設計　李嘉敏

出版　三聯書店（香港）有限公司
香港北角英皇道四九九號北角工業大廈二十樓
Joint Publishing (H.K.) Co., Ltd.
20/F., North Point Industrial Building,
499 King's Road, North Point, Hong Kong

香港發行　香港聯合書刊物流有限公司
香港新界大埔汀麗路三十六號三字樓

印刷　美雅印刷製本有限公司
香港九龍觀塘榮業街六號四樓A室

版次　二〇一八年五月第一版第一次印刷

規格　大三十二開（140mm × 200mm）三一二面

國際書號　ISBN 978-962-04-4324-4

三聯書店
http://jointpublishing.com

JPBooks.Plus
http://jpbooks.plus

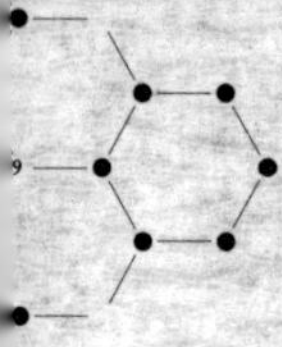

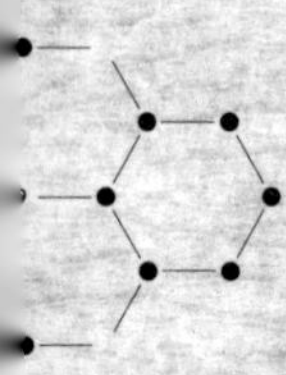

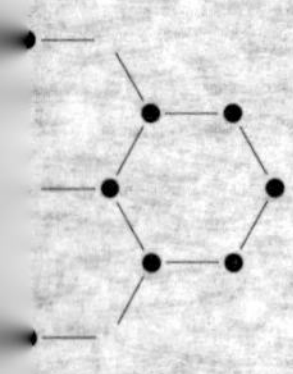

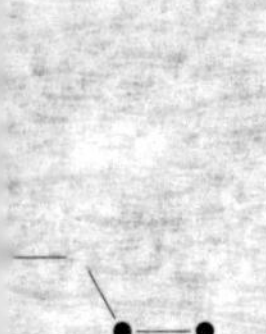

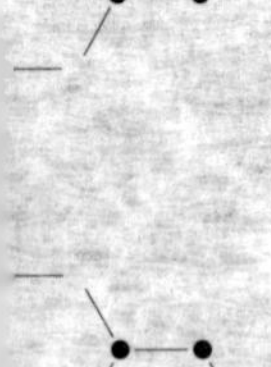

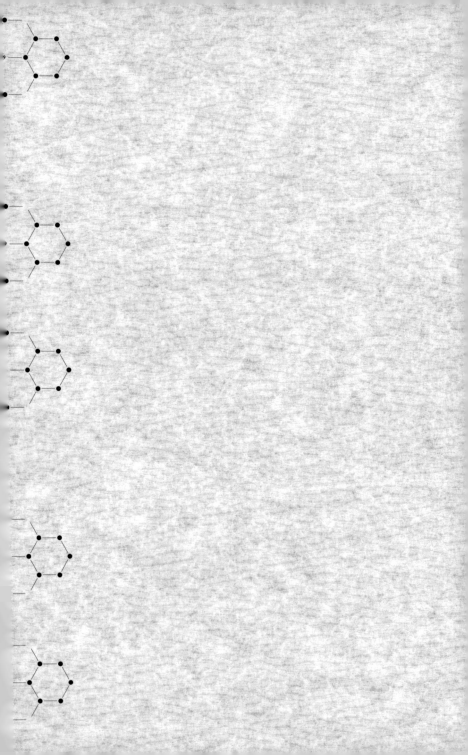

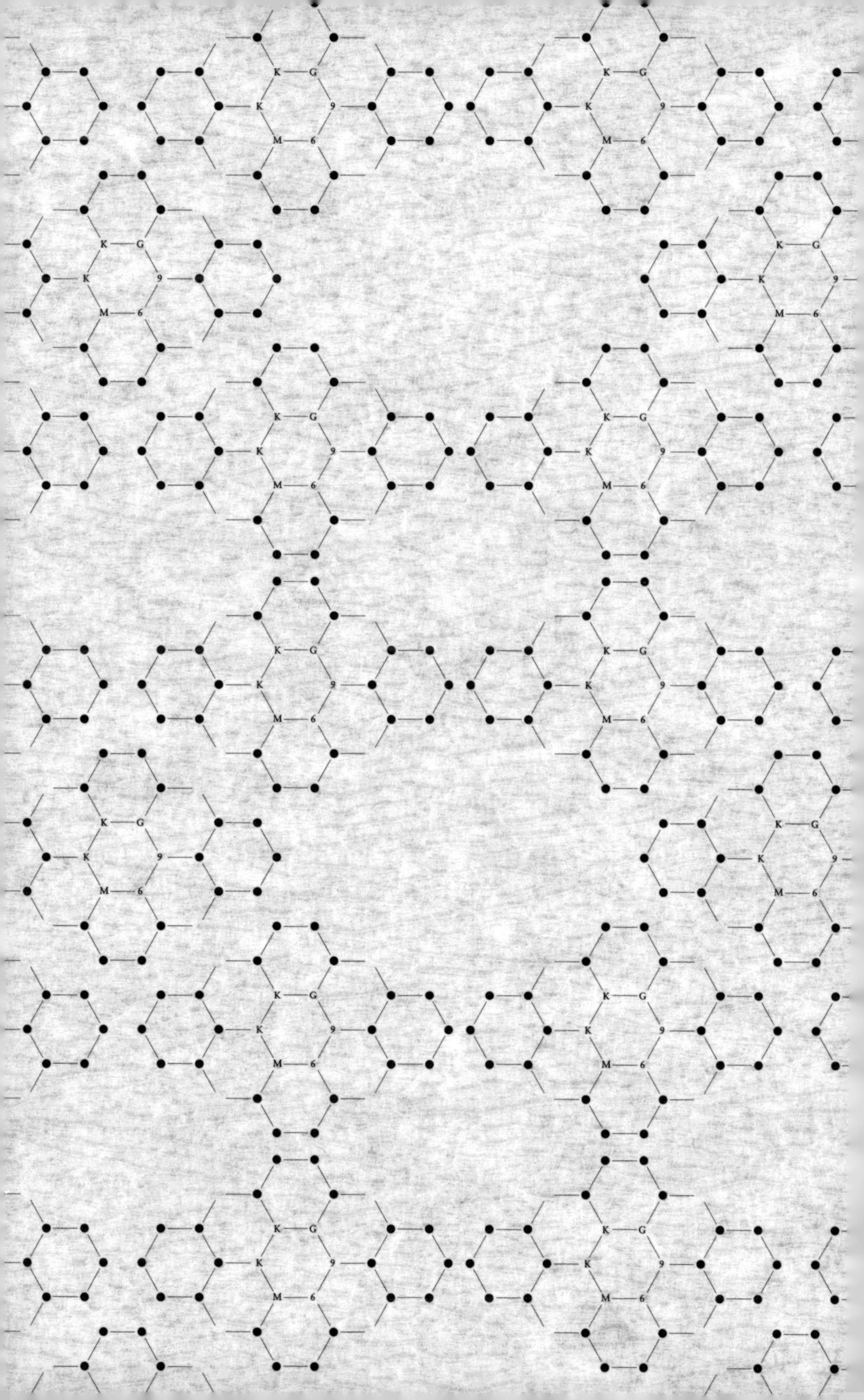

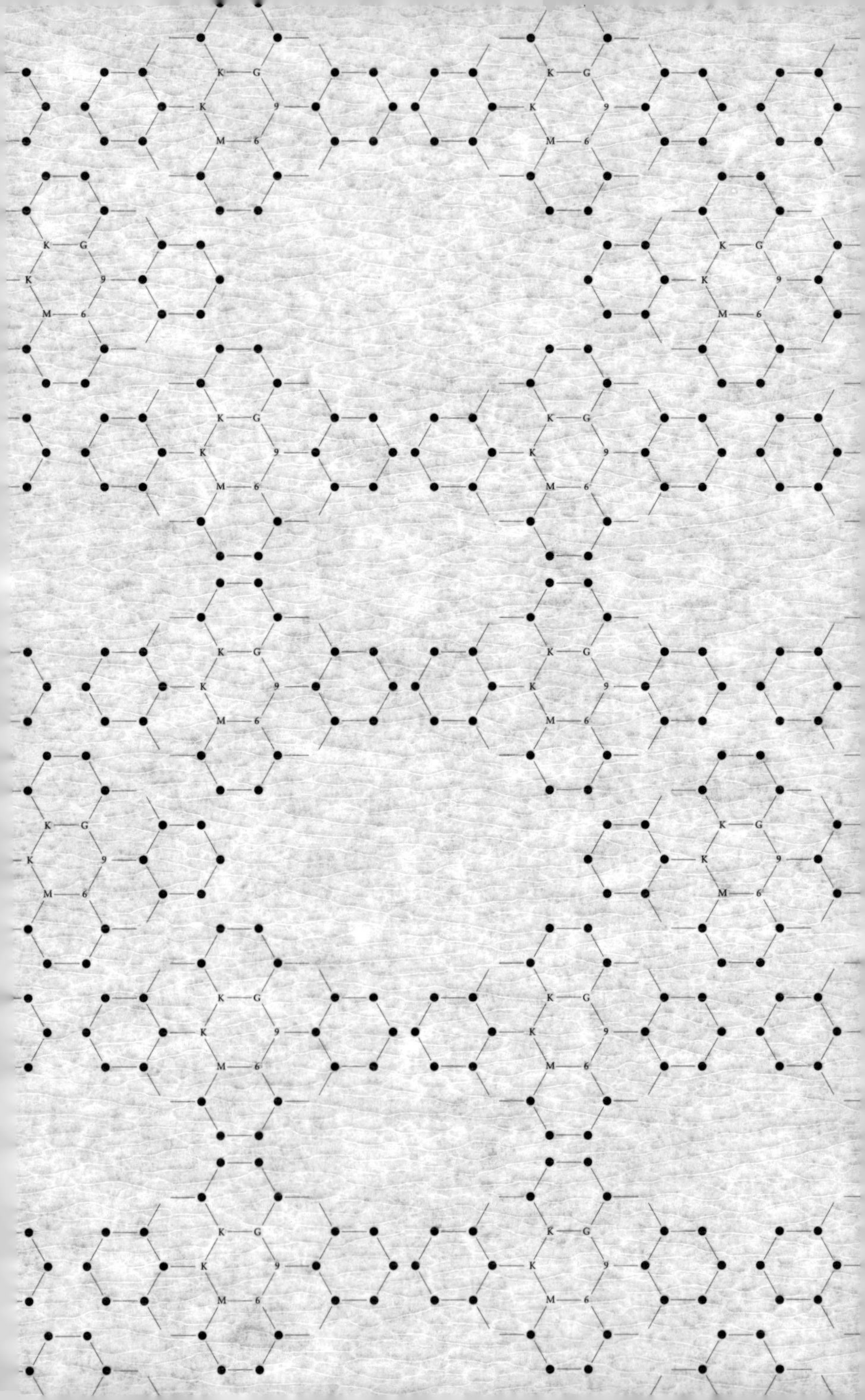